好妈妈是怎样炼成的

# 妈妈课

[韩]智光 著
孙赟 译

光明日报出版社

图书在版编目（CIP）数据

妈妈课 / (韩) 智光著 ; 孙赟译 . -- 北京 :
光明日报出版社 , 2016.3

ISBN 978-7-5112-7959-0

Ⅰ . ①妈… Ⅱ . ①智… ②孙… Ⅲ . ①家庭教育
Ⅳ . ① G78

中国版本图书馆 CIP 数据核字 (2015) 第 030592 号

版权登记号：01-2014-4578



**妈妈课**

著　　者：【韩】智光　　译　　者：孙　赟

策　　划：双螺旋文化
责任编辑：黄海龙　　责任校对：傅泉泽
特约编辑：唐　浒　杨亚妮　　责任印制：曹　净
封面设计：荆棘设计　　特约技术编辑：张雅琴 杨　骏 沈永勤

出版发行：光明日报出版社
地　　址：北京市东城区珠市口东大街 5 号，100062
电　　话：010-67078248（咨询），67078870（发行），67019571（邮购）
010-63497501、63370061（团购）
传　　真：010-67078227，67078255
网　　址：http://book.gmw.cn
邮　　箱：gmcbs@gmw.cn
法律顾问：北京德恒律师事务所龚柳方律师

印　　刷：北京中科印刷有限公司
装　　订：北京中科印刷有限公司
本书如有破损、缺页、装订错误，请与本社联系调换

开　　本：880×1230　1/32
字　　数：150 千字　　印　　张：7.5
版　　次：2016 年 3 月第 1 版　　印　　次：2016 年 3 月第 1 次印刷
书　　号：ISBN 978-7-5112-7959-0

定　　价：29.80 元

成为内心平和、充满智慧的妈妈，

从这一课开始……

## 名家联合推荐

智光大师没有子嗣，又是男性，他给妈妈们的教诲，让人格外好奇并期待。他提醒妈妈们仅有爱的本能是远远不够的，还必须要有完整的关于爱的智慧。要将无私之爱化作更为理智和精彩的守护之爱与冷静之爱。慈悲的智光大师并不总是和颜悦色，时有严厉犀利之词，鞭挞了种种“母爱”光环之下的荒谬误区。建议天下所有愿意为孩子成长呕心沥血的人们，展读此书，在陪伴孩子成长的过程中，从懵懂的家长升华为真正的父母。

——著名作家　毕淑敏

母亲与爱，仿佛天然地联系在一起，一个女人做了母亲，“爱”在她的词典里，就多了一个重要的义项：亲子之爱。然而，怎样爱孩子？给孩子什么样的爱？这并不是一道简单的题目，换句话说，并非做了母亲就懂得爱孩子。

所以，许多母亲都会有困惑彷徨、郁闷苦恼的时刻，当孩子的表现不尽如人意时，甚至开始怀疑孩子、怀疑对孩子的爱。

智光大师的《妈妈课》是一本让焦躁的心回归平静的书。

让身为人母的我重新思考教育孩子的立场与方法，也对自身有了一次深刻的省思。

——《中国教育报》读书周刊主编　王　珺

用平和的心态看待孩子的成长。看智光大师的书，心会慢慢沉淀下来，这和宗教信仰无关。平和的心态很重要，我觉得这和中国的“知足常乐”有很多相通的地方。不奢求，不抱不切合实际的奢望，从孩子的现实情况出发，不拔苗助长，不盲目攀比，不用成功的标准要求孩子，那么不论是孩子和家长，都会轻松快乐，亲子关系也会很和谐。

养育孩子的过程是付出的过程，也是收获的过程，是对人生的修正和补充，也是我们修身养性自我完善的过程。这过程是艰辛的，也是甜蜜的，这过程是上天注定的我们和孩子的缘分，我们要好好珍惜！让我们把它当成一种修行吧，在修行中教育孩子，升华自己！

——《中国少年智力开发报》 李 芳

《妈妈课》是一本能帮助妈妈更自信、更优雅地养育孩子的实用指南。它让我们懂得幸福的第一步就是“珍惜我们眼前拥有的幸福，让孩子在信任中成长”。从认识到自己有多幸福开始，相信按照书中的方法努力去做，幸福就在不远的地方等着你和孩子了，助你早日踏上实现幸福之途。

——北京师范大学实验小学教师 王艳玲

# 目录

序言

# 是女人，更是妈妈

孩子幼时甜美的笑容，蹒跚学步的姿态，逗人开怀大笑的样子，很是惹人喜爱。但是，长大后又是怎样呢？慢慢地变得叛逆，似乎生来就是为了让父母操心。结婚生子是为了获得幸福，但婚姻和子女往往会逐渐变成痛苦的根源。

## 父母无法战胜子女

父母与子女间的对话如果变成大声的争吵，长时间地争辩孰是孰非的问题，最终的赢家会是谁呢？

“没有能赢过子女的父母！”此话乃真理也。

赢得争吵的方法当然有，若想赢，父母必须对子女忍痛割爱。但子女清楚地知道，父母对自己的爱难以割舍，所以父母很难赢过子女。

大约四岁时，孩子便开始表现出叛逆，其中，最典型的表现就是不好好吃饭。饭桌上，孩子突然扔下筷子走人，妈妈就不得不拿着碗一直追着他跑。

上初中的孩子若不吃饭，父母也不会心疼。这时候，子女以离家出走的方式来和父母作对，父母为了找孩子而四处奔波。

20 岁以后，如果父母限制孩子出门，孩子就有可能以死来威胁父母，最终任何父母都会输给子女。

相反，我不曾为人父母，反而认为教育孩子的方法很简单。如果孩子不吃饭，就马上收拾碗筷，直到他求着要饭吃的时候再给他吃。这样孩子就可以改掉不好好吃饭的坏习惯。如果要离家出走，那就让他出去，锁上大门不让他轻易回家。这样，离家出走的坏习惯也很容易改掉。但是，父母对孩子都是软心肠，无法做到这些，这就是父母的弱点。

所以，从一开始就不要有跟子女斗争到底的想法。

“没有能赢过子女的父母！” 此话乃真理也。
赢得争吵的方法当然有，若想赢，父母必须对子女忍痛割爱。
但子女清楚地知道，父母对自己的爱难以割舍。

当然，也不是说让子女肆意妄为。如果孩子很固执，那就听听孩子的想法，并尽快作决定，是顺着子女还是按照自己的想法去做。拖下去的结局必然是父母认输。

和子女沟通时，要么尽快作决定，要么就放弃认输，否则，只会浪费时间，让自己生气，并且怨恨子女。父母怨恨子女比被子女怨恨要痛苦得多，因此，如果父母和子女之间产生矛盾，最后受伤的必然都是父母。

## 孩子跟什么学什么

尽管输给子女，但父母还是会为子女操心。“孩子不听话，不学习，成绩不好，没考上大学”像这样为孩子伤神、痛苦的父母不在少数。也有很多父母问我：“孩子有这么多的缺点，要怎样去纠正呢？”

我会告诉他们：“请父母先把自己的毛病改过来吧！”

父母一味地抱怨孩子身上存在的问题，却从不考虑产生问题的根源在哪里，当然找不到解决的方法。要想找到问题的根源，就必须先从父母与子女间的因缘关系说起。

从生物学角度来说，孩子出生时就继承了父母的基因，从表面上看某些地方像爸爸，而某些地方则更像妈妈。但是从身体的整体构成来看，与其父母双方的相似度应该是一样的。

但是，父母双方原本都没有的特征偶尔也会在孩子身上体现。因为基因中的某些隐性基因可能会遗传给子女，并显现出来。

那么，子女只会和给予其遗传基因的父母相像吗？如果在医院被抱错，十年后，孩子的思维或行为会像亲生父母，还是像养父母呢？答案当然是会像养父母。尽管没有遗传基因，但是饮食习惯、思考方式、说话习惯等都会像养父母。所以，“妈妈”这个词虽有“生母”的意思，但更准确地讲，应该被解释为“抚养人”。

孩子的外貌因为遗传，会像亲生父母，但是其行为和思考方式基本和抚养者相似。如果孩子由奶奶抚养长大，那么孩子的性格特征则会像奶奶，尽管唤作“奶奶”，其实可以称为“妈妈”；保姆将孩子带大，尽管被称为“保姆”，但实际上就是妈妈。

如果孩子有不良行为，那一定是受到了抚养人的影响。其实孩子本身并不是刻意地学习模仿，但是耳濡目染后，就会在特定的场合表现出来。不良行为有时会在幼儿时期出现，但大部分会在青春期突然出现。这时，父母往往会归咎于“青春期的叛逆”、“交友不善”等客观原因。

实际上，不良行为的种子早就埋下了。被埋起来的种子在环境变化、交友不善或与父母意见不合的时候便会生根发芽。那么种子又是从何而来呢？我们常说“种瓜得瓜，种豆得豆”，所以，准确地说，幼儿时期的错不是孩子自己造成的，而是受父母，尤其是妈妈的影响形成的。以此为始，孩子一天天成长才会逐步形成自己的性格。

所以，如果觉得孩子似乎变成了自己的冤家，不再可爱乖巧时，那么应该很快认识到是父母——尤其是妈妈埋下的不良种子，造成了这一后果。

## 不仅是女人，而且是妈妈

如今，父母总把子女当作炫耀的“物品”，希望子女漂亮、健康、成绩优秀、听话、懂事。很多父母给孩子穿好的、吃好的，让孩子上课外辅导班，送孩子到国外留学，认为这样就尽到了父母的责任。这种观念实际上是错误的。孩子需要的是父母的爱，而不是这些优越的外在条件。相反，不管物质条件有多好，如果感觉不到父母关爱的温暖，孩子对自己、甚至整个社会都会失去积极的态度。

那么，父母应该如何正确地去爱子女呢？

在孩子降临之前，父母必须作好充分的心理准备，应当让孩子在夫妻相爱、家庭和睦的环境下降临。如果孩子降生时夫妻不和，将会对孩子造成很大的影响。妈妈的状态对娇弱的胎儿有很大的影响，妈妈焦躁不安、愤怒的情绪直接影响着胎儿，并且会延续到他长大成人。

如果想把孩子抚养为心智健全的人，那么父母应该内心平静，这一点与物质条件的丰富与否没有直接关系。

如果还没有做好和另外一个人一起生活的准备，那么就不要结婚。即使真的很想结婚，结婚后也最好先不要生小孩。如果决定生小孩，那么就必须为即将降临的孩子而努力，让孩子健康幸福地成长是父母的责任。如果做不到，那就买个玩具，或者养只宠物。或许有人会问：“别人一样是生孩子，为什么偏偏惟独我会变得痛苦呢？”

女人生完小孩后，就不能再像以前一样脆弱了，否则就无法好好抚养孩子。因为这样那样的刺激，情绪就摇摆不定，因为不能如愿以偿就发脾气，如果用这样的心态抚养孩子，孩子就会变成不安、易怒的人。

想让孩子内心平和、健康幸福地成长，那么妈妈首先应该找到心灵的重心，不应该再摇摆不定，而要用一颗坚定的心守护孩子。这样，孩子才会紧紧地依偎着妈妈，健康地成长。

如果因为丈夫不理解自己的心情，而感到厌烦，那该怎么办呢？妈妈心情不好，孩子也会变得不安，所以妈妈应该相信丈夫，保持愉悦的心情。

孩子小时候的错不是自身造成的，而是受父母——
特别是妈妈的影响形成的，并以此为基础逐步形成自己的性格。

如果妈妈因为经济拮据而有心理负担，也很难让自己内心平静。这个时候，妈妈更不能忧虑烦躁，而应该以平和的心态，简单朴素地生活，并且轻轻地抚摩胎儿，不让他产生畏惧心理。

不管何时何地，保护孩子都是妈妈的天职。对于孩子，妈妈的角色不单纯是母亲，还是保护他的神，是他的全世界。

回想自己的孩童时期，便会了解父母应该是怎样的角色。因为爱的缺失，父母曾经给自己造成的伤害，至今想来内心仍然隐隐作痛。如果父母不先反思自己，而是固执地认为是孩子的问题，那么必然无法找到解决问题的关键。

结婚后本应该与对方和睦相处，但却肆无忌惮地发脾气；孩子出生后本该全力保护孩子，但却依然为所欲为，这一切都会有因缘果报。与人相处时，若无法摆正自己的位置，就不知如何处理与他人的关系。在所有人与人的关系中，父母与子女的关系最为亲密，但父母却常常会亲手破坏这美好的因缘。

责怪孩子是冤家之前，请先反思一下自己的内

作为妈妈不应该再摇摆不定，
而应该用一颗坚定的心守护孩子。
这样，孩子才会紧紧地依偎着妈妈，健康地成长。

心，问问自己是否有一颗真正爱子女的心。如果没有，那么无论怎样付出，都会增加孩子的痛苦。父母的爱再深，如果方式不对，在子女看来也不全是爱，反而会成为一种压力和负担。妈妈如果不能清楚地知道这一点，就会抱怨说："我这么爱你们，为你们付出了这么多，你们怎么能这个样子呢！"

只有真正意识到所有问题的根源都是自己时，妈妈才会找到解决的方法，成为一位合格的好妈妈。

2011年10月

智光

第一章

# 对孩子的爱，因时而异

## 充分做好孩子降生的心理准备

结婚后，若还享受着二人世界，即使偶有争吵，也无大碍。可若有生子添丁的想法，夫妇间就应互相理解、彼此包容、和睦相处。尤其是从妻子怀孕到孩子三岁之前，夫妇间都应注意维持和谐的感情。

三岁以后，父母的教育作用才得以体现，这时候父母的教导固然很重要，但孩子如何接受也不容忽视。

三岁之前，孩子便在外界影响下形成了自己的性格。性格的形成，父母起着决定性作用，与孩子关系不大。所以说，三岁之前妈妈的心境是否平和，夫妻关系是否融洽对孩子的健康成长显得尤为重要。

如果孩子出现了问题，父母应该仔细回想孩

子出生时的情况。大部分都是因为夫妻间存在感情问题，对两人今后的生活没有信心。这些原因会影响到孩子的情绪，并会引起孩子青春期的不良行为。

以孩子的出生时间为划分标准，出生前称为前世，出生后则为现世；但若以心理为划分标准，三岁以后才能称为现世。因为从出生到三岁之前，孩子根本没有自我意识。

不管我们多么努力地回忆，对三岁前发生的事情都很难记起。虽说是回忆，但因为没有自我意识，三岁前发生的事情都不能成为自身的行为，只能称之为前世。

三岁之后，尽管受到同样的教育，但每个孩子都会有不同的反应，因为孩子内心已经形成了自身独特的认知方式。俗话说："种瓜得瓜，种豆得豆。"是瓜还是豆，三岁之前就已经决定了。

在怀孕的时候，父母双方的心理状态对孩子性格的形成非常重要。

每天，我们的心理状态都会发生无数次的变化，有时候像天使，有时候却像恶魔；瞪着眼睛发

心情如此变化无常，但胚胎的状态只会与怀孕那一瞬间的心理状态保持一致。

脾气的时候也有，微笑着做善事的时候也有；一会儿享受着天堂般的快乐，一会儿又遭遇着地狱般的痛苦。尽管心情变化无常，但胚胎的状态只会与怀孕那一瞬间的心理状态保持一致。

从生物学角度看，数亿个精子中只有一个精子能最终使卵子受精，而这惟一一个能与卵子结合的精子才是与自身状态最为和谐的。

因此，古代的官宦家庭，须先祈祷再挑良辰吉日，让夫妻二人行修禊之礼，做好充分的心理准备后，方可行周公之礼。生孩子不仅仅是两性交合，还是一件人生大事。只有在身心准备完善的状态下出生的小孩才会带来一段美好的因缘。

如果只是为了享受生理上一时的愉悦，无意中有了小孩儿，那又会怎样呢？简而言之，在毫无准备且不情愿的状态下降生的小孩与真诚祈祷后拥有的小孩，各方面都有天壤之别。

实际上并不是每对夫妇都是一结婚就能马上怀上小孩的，很多人都会有一段艰辛的历程。下面就是一对曾经经历过流产夫妇的经验之谈。

“结婚后一个月怀孕，但是没多久便流产了，因为担心下次怀孕还会有危险，之后的一年内都害怕再次怀孕，但在做了祷告之后，心里平静了很多。我们还打算做百日祷告，我们想或许怀孕需要某种修行吧。”像这样因为流产而感到痛苦的人不在少数，起初因为怀孕欣喜，之后又因为流产而受到沉重的打击。

若从因缘的角度看，就没有必要如此担忧了。孩子出生不会带来幸福，所以才会流产。反而妈妈应以此为戒，重新作好成为妈妈的准备。若能换一种看问题的角度，因缘也会发生改变。

“结婚十年了，一直没有小孩，非常担心。但是法师告诉我们‘把没有小孩看成是佛祖的恩赐吧’。我们谨记法师的告诫，一直感恩、祈祷，最后反倒有了小孩。孩子在我们内心平静的时候降临，是一种莫大的幸福。”像这样，夫妻双方内心平静之后迎来孩子降临，对父母和孩子都是件幸福的事。

如果想要生小孩儿，首先妈妈必须做好准备，过于敏感或者过于担忧，生出来的小孩都可能会出现问题。所以，成为妈妈后，内心平静，不因外界的刺激而动摇，找到心灵的重心尤为重要。

## 让孩子感受到妈妈是世上最可信赖的人

怀孕后，妈妈极为重视胎教，听优美的音乐，读好书，饮食也会格外注意。

但是，妈妈的心态比以上任何一点都重要。起初，胎儿只是一个受精卵细胞，1 变 2，2 变 4，4 变 8，8 变 16，16 变 32，这样不断地裂变，一两个月后，胎儿身体各个部位的雏形便会逐步形成。随着时间的推移，便会形成一定的身体形态。但是，这时候胎儿的身体不是独立的，而是像双手、眼睛和心脏一样，是妈妈身体的一部分。

如果孕妇受到了惊吓会怎样呢？普通人受到惊吓后心脏都会紧张或停止跳动，给身体造成危害，更何况孕妇肚子里的胎儿呢！就像心情不畅时消化不良，如果孕妇心理状态不好，也会对孩子的身体造成伤害。

成年人的身体就像茁壮的大树，即使受到重大创伤，伤口也会很快愈合。胎儿则像是幼小的树苗，哪怕极小的伤害，也会导致疾病或死亡。

因此，即使遗传基因一切正常，如果在母亲腹中受到影响，也会造成先天性的心脏脆弱，或者五官异常的现象。

孕妇若有惊恐、伤心、烦躁的情绪，或者患有忧郁症，胎儿所受影响的严重程度让人难以置信。如果孕妇抽烟、喝酒、吸毒或者营养不良，也会造成胎儿先天性的身体虚弱或先天性残疾。

妊娠期的孕妇比较敏感，很容易因别人的言语、行为感到不快。在古代，不让孕妇看到邪恶的事物，孕妇不宜去举丧之家，在丧家孕妇的心情会变得抑郁，对胎儿造成不好的影响。孕妇只能看到花、宠物等令人愉悦的事物，聊天时也只聊愉快、高尚的话题。这样看来，韩国的胎教在很久之前就已经很发达了。

如今的状况又如何呢？即使怀孕了，仍然抽烟、喝酒、跟丈夫吵架。对丈夫生厌，自然就会对腹中的胎儿产生不满的情绪。在恨不得立刻与丈夫分手的情况下还会想生下孩子吗？恐怕只会产生堕胎的想法吧。腹中胎儿这时候会感受到妈妈对他生命的威胁。

“哪怕世界上所有人都不信任我，父母也会相信我；尽管世界上所有人都恨我、怨我，但妈妈却依然会爱着我。”子女本可以这样坚定地信赖父母，但若在母亲腹中就受到生命的威胁，那么他对这个世界天生就会没有信任感。这样的孩子长大后，受害意识强、疑心重，并非常具有攻击性。曾受到妈妈对生命发出威胁的孩子，如何再去相信别人呢？所以，孕妇应该随时保持心情舒畅，不管丈夫或婆婆怎样，都不要受其影响。

孩子是无辜的，也没有任何行为能力，只是因为与父母的缘分，才会降临到这个世界。父母应该全心全意地对出生的孩子负责。

与孩子的缘分，会给人生带来巨大的改变。怀孕时期如何度过决定了与孩子的缘分到底是一段美好的缘分，还是会成为一段痛苦的孽缘。胎儿很脆弱，妈妈在这一时期应该尤为重视健康。

其实，最好的方法就是在婚前开始祈祷。一怀

“哪怕世界上所有人都不信任我，父母也会相信我；
尽管世界上所有人都恨我、怨我，但妈妈却依然会爱着我。”
子女本可以这样坚定地信赖父母，但若在母亲腹中就受到生命的威胁，
那么他对这个世界天生就会没有信任感。

孕就开始做百日祈祷，若精心修炼便能带来美好的因缘。

再具体一点说，婚前一年开始祈祷的效果远远大于婚后修行十年；婚前一个月开始祈祷的效果也远远大于婚后祈祷一年的效果。这和在杂草丛生时才将草连根拔起，要比萌芽状态除草时多花几倍的力气是一个道理。

但是，人们真实的生活又如何呢？每天都忙忙碌碌，根本无暇祈祷。孩子还没出生就忙着准备尿布和玩具，真是本末倒置的愚蠢行为。

## 幼儿期，无私的爱

小时候，妈妈为孩子考虑得无微不至，总想着孩子的吃喝拉撒，即使在凌晨两点，也会起来给孩子换尿布。孩子在半夜三更或者吃饭的时候大小便，妈妈从来不会有半点儿怨言，始终把孩子放在第一位。

无私的母爱会全部传递给孩子，形成孩子的心性，这就是所谓的“良心”。人的心性中，良心是最先形成的，接收了母爱，孩子就会拥有信任和利他心。我们常说的人道主义就是在这个时候产生的。妈妈无私的爱让孩子学到了良心、美德和人道。

这个时期的孩子接受母爱，形成了自己的心性。孩子刚出生时，就像一张白纸，如果听着韩语在韩国长大，就说韩语；在英国就讲英语；在法国就说法语；在日本则讲日语；如果放到猪圈，便会模仿猪的行为；放到狼群里，其行为就会像狼。尽管从生物学上讲是人类，但实质上已经不再是人。只有和人类一起生活，具有人的心性，才能算真正的人类。

孩子从白纸状态到接收信息并形成基本心性，需要三年的时间。三年里，他看到的、听到的都会深深地刻在他的心里。

俗话说“三岁看老，百岁不改”，这个时期所形成的性格，成为人的基本心性，很难改变。比如，孩子出生后，看到爸妈各一个，当然就会认为一夫一妻的生活是正常的；反之，若看到一个男人和很多女人一起生活，那他便会认为一夫多妻是正常的；如果看到一个女人和很多男人一起生活，那他自然也会觉得一妻多夫很正常。

我们判断是非的标准、伦理道德的形成都与我们从小的所见所闻有关。孩子的脾性，也是通过学习、模仿逐步形成的，三岁之前对性格的影响会像烙印一样深刻。这个时期是孩子形成自我人格的重要时期，所以妈妈至少应该亲自抚养孩子到三岁，这样才能算是自己的孩子。像自己才是自己的孩子，

没有爸爸的孩子，往往会有些问题，
这不是因为没有爸爸，而是因为妈妈的恐惧导致的，
不要误以为是没有爸爸的原因。

不像自己就不能算是自己的孩子。这个时期，如果是别人抚养孩子，抚养人就会变成孩子的妈妈，因为孩子会像抚养人。想让孩子有一颗美好的心灵，妈妈必须全心全意地照顾孩子，且必须心情舒畅。

那么爸爸又是什么角色呢？爸爸起辅助作用。爸爸能为孩子做的就是好好对待妻子，让妻子保持舒畅的心情。婆婆也应好好对待儿媳，这也是间接地为自己的孙子、孙女着想。

但是，与孩子关系最紧密、对孩子负首要责任的还是妈妈。不管奶奶或者丈夫怎样，只要有妈妈温暖的怀抱，孩子就不会有问题。

没有爸爸的孩子，往往会有些问题，这不是因为没有爸爸，而是因为妈妈的恐惧导致的，不要误以为是没有爸爸的原因。

这个时期的母爱比任何时期都重要，妈妈的爱是否伟大、无私会决定孩子的一生。

## 处理好育儿与职场的关系

很多职场女性生完孩子，找到人照顾小孩后，就重新回到职场。不只是因为再就业比较困难，也由于确实存在经济上的压力，所以不得不选择继续工作。

如果妈妈丢下孩子继续工作，孩子小的时候似乎轻松一些，但到了孩子青春期的时候，便会出现很多棘手的问题。那时候妈妈会因为子女不得不放弃工作，但却为时已晚。

当孩子最需要妈妈的时候，妈妈却因为工作忙碌而撒手不管；到孩子不再需要父母约束的时候，反而管得很紧，这样很容易造成与子女之间的矛盾。那样的话可能不仅仅是“今日怠一针，明日补十针”的问题了，恐怕一百针都难以解决问题。

孩子本该在妈妈温暖的怀抱长大，但妈妈却因为工作，把出生仅两三个月的孩子交给别人照顾，这便是剥夺了孩子接受妈妈保护和母爱的权利。奶奶和妈妈，孩子会更愿意在谁的怀中长大呢？当然是妈妈，金钱或地位都不能代替妈妈的怀抱。

孩子有接受妈妈保护和母爱的权利，妈妈生下了孩子，就必须对孩子负责。否则，孩子很难幸福地成长，如果孩子不能学会自立，那么也会拖累父母一辈子。

从前，妈妈们忙于农活，即使被放在田间地头，孩子也能安然无恙地长大，甚至抚养七八个孩子也不成问题。这是为什么呢？因为有母爱，因为一直在妈妈身边，看着她为了孩子不停地努力干活。

相反，一出生就无法待在妈妈身边的孩子就不一样，孩子的内心会因此受伤。所以不管是妈妈还是爸爸，必须父母亲自抚养，孩子才会有平和的内心。如果把孩子一会儿托管给这个人，一会儿又托管给那个人，孩子内心是无法平静的。

给孩子穿好的、让孩子上贵族学校，这些都不是最重要的。给刚出生的小孩子穿再好的衣服，他也不懂，只有父母愚蠢地认为那是对子女的爱。

不管是因为钱，还是因为对事业的追求，选择重新工作后对自己产生怀疑的妈妈很多。

“我已经工作 20 多年了，同时也是两个孩子的妈妈，工作生活勤勤恳恳。但是孩子到了青春期，总是和我吵架，丈夫也总是和同事在外面喝酒，家务活、照顾孩子的责任都推在我一个人身上，我有点心里不平衡。但是丈夫和孩子反而抱怨，他们都因为我而感到有心理负担。我性格比较敏感，且追求完美，可能无意中会拖累了身边的人，很想把所有的不满一吐为快，但考虑到孩子，还是没有勇气，所以我的心很累。”

像这样抱怨的妈妈，不知道她是否还能正常工作。但我肯定她的家庭生活必定不够和美，因为她没有扮演好妈妈的角色。为了家庭而努力地工作，但是丈夫和孩子却不理解，只能感到委屈、愤怒，独自流泪。

但是，妈妈的这种理解是错误的。工作是自己的问题，与丈夫和孩子没有关系。虽说是为了家庭而工作，但其实是为了金钱和自己事业上的成功。

如果真的爱孩子，在孩子三岁之前，哪怕是露宿街头也要亲自抚养孩子。

“抚养孩子期间，即使从 20 坪[①]的房子搬到 10 坪的房子，也要全心全意地照顾孩子。”妈妈必须有这样的决心。

对于孩子来说，抚养他的人就是妈妈。以工作为借口不照顾孩子的妈妈不能算真正意义上的妈妈，顶多只是个付钱的人。只知道不断地买衣服、玩具，但是却忘记了最重要的事情。忙于自己的事业无暇顾及孩子，把孩子托管给别人时就应该放弃对孩子的期待，否则将来只会因为孩子未能达到自己的要求而更加痛苦。

在一般的家庭中，爸爸很容易被子女孤立排斥。如果父母吵架了，孩子一般都会站在妈妈那边。孩子没有判断力，但他却相信一直照顾、陪伴、保护自己的妈妈是正确的。

如果在本该照顾孩子的时间里却没有照顾孩子，孩子对妈妈就不会有感恩之情。丈夫同样也不会对妻子感恩。这样，以后在工作中只能感到委屈和痛苦。

---

① 一坪 = 约 $3.3m^2$

一般夫妻间的矛盾，都起因于妻子抱怨丈夫在外应酬晚归。一旦妻子抱怨，丈夫会说："我不是给你钱、给你生活费了吗？"

说着说着就变成了争吵。这句话的言外之意就是：只要工作赚钱养家，那就该是一家之长。如果妈妈在公司上班，也会跟丈夫抗辩说分担了家中的经济负担。

但是，工作挣钱并不是妈妈职责的全部，挣钱只是自己的事情。丈夫需要妻子，孩子需要妈妈，而不是能够工作赚钱的人。

"我努力工作赚钱，分担家庭的经济负担，为什么对我没有感恩之心？"这样的抱怨只是妈妈自说自话而已。

但也不是说，妻子就该完全放弃工作，做全职家庭主妇。妈妈如果要工作，必须考虑到孩子的年龄。在孩子上小学之前，最好放弃或减少社交活动，无论如何要把孩子放在第一位。孩子上小学时，要多和孩子交流，不要总是为自己的处境辩护。

"妈妈现在必须得工作，你怎么想呢？你有自己的人生，妈妈也有妈妈的人生。就像学习是你的任务一样，工作是妈妈现在该做的事情。”

尽管只是小学生，但是完全可以沟通，当然妈妈要注意沟通方式。不能采取向孩子征得同意的态度，但偶尔会有这样的父母。孩子小时候把他当皇帝一样伺候，长大后必然会产生问题。大人的事情该由自己决定，与孩子沟通只是为了让他能够理解。

等孩子到了初中，就不用在孩子身上花太多的精力。这时候，反而应该减少束缚。并不是说不管孩子，而是换一种爱的方式，守护着孩子，让孩子自己作决定，并学会自力更生。

即使工作，也必须在孩子不同的年龄段，以不同的方式爱孩子，才是一位聪明、称职的妈妈。

# 妈妈必须亲自照管孩子“三年”

孩子刚出生以后的这三年是最重要的。尽管妈妈去工作扔下孩子不管是不对的，但妈妈的心情也应该得到理解。

同样为人父母，丈夫不仅能够在工作上有所成就，获得晋升，同时还扮演着爸爸的角色，妻子的心里当然会不平衡，所以妈妈会觉得只有自己受了损失。

但是如果妈妈这样计较自己的得失，最后受伤害的也是自己的孩子。不仅如此，等孩子长大后，当初丢下孩子的后果会让妈妈更加痛苦。因此为了防患未然，妈妈应该首先满足孩子的需要。

修行中，放弃自己的欲求，问题就能迎刃而解，但是从社会现实角度看，却很难做得到。自我修炼时，即使丈夫有了外遇，也要抱着他说：“我究竟有多少不足，让你这样做啊。”如果把怨恨埋在心里，也只有自己痛苦。若做不到，就干脆分手。

从制度角度看，情况又会不一样。如果因为丈夫外遇离婚，那么法律应该让丈夫承受更多的损失。但是，我们不是生活在制度中。不管是在什么情况或条件下，心灵的自由才是最重要的。所以，修行时懂得包容，才是对自己有利。

孩子的问题同样如此，最好放下自己的欲望，抱着对孩子全权负责的态度。制度不可能立刻改变，孩子却在一天天长大，我们不能只抱怨制度。话是这么说，但不能因此误解，将责任全部推卸给个人。我们修行时要学会放弃，同时也教我们构筑美好的世界。个人修行的同时，还要试图改变制度，解决孩子的养育问题。

“不管怎样，请亲自抚养孩子三年。”这是避免孩子和妈妈的心灵受到伤害而给出的建议。从社会制度层面来讲，应该确立“三年产假”制度。

每个家庭的孩子，被抚养成人才会成为国家的栋梁之才。因此国家应该给产妇三年的带薪假期，如果这样比较困难，也可以实行半薪产假，或者三年中一年为带薪产假，两年为无薪产假。不管怎样，应该保证三年的产假。

如果不能做到，公司则应具备完善的保育设施，让妈妈可以带着孩子上班，或者给予一定的关照，让其居家远程办公。如今，很多事情都要通过电脑来完成，可以创造居家远程办公的条件让妈妈在家一边照顾孩子一边完成工作。

近年来，出生率下降已经成为一个社会问题，每天为了生活而奔波，抚养孩子成为了负担，很多人干脆放弃生孩子。出生率低，社会失去发展动力，是经济发展的一大困扰。

生完孩子，却为了工作把孩子托给别人照管，会造成孩子的心理问题，长大后患忧郁症的概率也非常高，情况严重时甚至会导致自杀。

因为妈妈的行为导致孩子性格脆弱，内心不安，却还逼着孩子学习，孩子无法承受这种压力。如果社会保育制度得不到应有的改善，最终会破坏整个社会的健康发展。

今后，为了保证父母有充足的时间照顾孩子，除了给带薪休假的待遇外，还应将义务教育的范

“不管怎样，请亲自抚养孩子三年。”

这是为了避免孩子和妈妈的心灵受到伤害而给出的建议。

围逐步扩大到初中和高中，朝着福利社会的方向发展。

有人可能认为这种做法会浪费国家预算，其实不然。国民幸福指数提高了，对国家更加有信心，工作热情反而会提高。

从前，工作是为了填饱肚子，温饱解决了，便不思劳作，这是所谓的“饥饿精神”。而现在，工作不仅是为了填饱肚子，社会应该提供更好的福利环境来保证人们的工作热情，这样社会才能进步。

从妈妈的角度来说，不管政策怎样，都应该保证孩子出生后亲自照管三年。如果非得工作，那就带着孩子去上班。不用觉得不好意思，如果公司不允许，那就应该坚持斗争，争取自己正当的权利。

事实上，妈妈们忙着抚养孩子，再让她们站出来试图改变制度是不可能的。并且，如果这样做，妈妈便无法专心抚养孩子，愤怒的情绪也会影响孩子成长。所以，为改变制度而努力，不应是现在正在抚养孩子的妈妈，而应该是曾经抚养过或者即将抚养孩子的人。

雇用女性员工，给其三年产假，会减少她对公司的价值，这种观念是错误的。她们在家里是妻子，是妈妈，她们的孩子不是别人的孩子而是我们的孩子，是社会成员的一部分。所以，社会和国家应该将这个问题提上议程，建立和健全这方面的制度。

如果只考虑经济效益是愚蠢的。认真抚养孩子才会有更大的经济效益。孩子的问题，会导致家庭和社会的问题，并且事后弥补会需要更多的时间、金钱和精力。孩子的彷徨不利于他身心健康的发展，将来可能影响到身边的人。为了家庭与社会的安定，“三年产假”制度是至关重要的。

# 以身作则，才是最成功的教育

孩子三岁之前，无论如何都应该是第一位的。三岁后，夫妻双方若能凡事为对方着想反而对孩子比较好。不管发生什么事，夫妇都应将彼此放在首位，把孩子放在第二位。

所以，如果丈夫因工作调动去了外地，那么妻子就必须一起去。如果考虑到孩子上学，而与丈夫分开，这样反而对孩子不利。夫妻双方若能将彼此当作生活的重心，即使转学次数再多也不会影响到孩子的成长。

但是如果把孩子当成家庭的重心，因为孩子，夫妻分居两地，不管怎样爱孩子，最终都只是徒劳。因为家庭是否和睦对孩子的影响最大，夫妻和睦是爱孩子的最佳方式。和睦的家庭氛围让孩子心情舒畅，并赋予孩子无穷的力量。

除了家庭和睦之外，还应该注意善待周围的一

家庭是否和睦对孩子的影响最大，夫妻和睦是爱孩子的最佳方式。和睦的家庭氛围让孩子心情舒畅，并赋予孩子无穷的力量。

切。不光要疼爱自己的子女，同时也要疼爱邻居的孩子；不仅要善待自己的父母，也要善待邻里的老人。这样，生活才会更加美好，父母才能在生活中成为孩子的榜样。如果一味地爱孩子，却不对老人尽孝道，孩子长大后也会不孝。如果自己对父母孝顺，即使不教，孩子也会懂得孝敬长辈。

如果希望孩子成为一个谦逊、有礼貌的人，那么必须尊重丈夫。虽然这与性别没有关系，且夫妇间是平等的，但是因为妈妈要照管孩子，就该注意言行举止。吃饭、发脾气、厌烦，妈妈的每一个行为孩子都会模仿。想让孩子不模仿自己的言行，是不可能的。俗话说得好："大者无好样，小者无好相。"

这个时期，妈妈对孩子的影响最大，孩子强大的模仿力是不容忽视的。妈妈的性格就会像遗传基因一样，遗传给孩子。所以如果孩子有什么不对，不能责怪孩子，应该反省自己。

孩子从三岁开始到上小学，学东西很快，且都是潜移默化，是无意识的。司机高超的驾驶技术，不只是成年后接受的培训，也是从小跟随爸爸出行时，受到的潜移默化的影响。所以即使没有路标他们也能熟门熟路，连里程数都一清二楚。

孩子跟着父母学，所以父母要做好榜样。父母应该是孩子的榜样，而不能只停留于口头教育。和孩子一起打扫房间、晾衣服、钉钉子时，让孩子帮忙拿着钉子盒，打扫时让孩子帮忙拿抹布。这并不是在指使孩子干活，而是在让孩子学习。

若以这样的方式教育孩子，孩子离开父母后就不会遇到什么问题。如果一味地溺爱孩子，那么孩子就会像宠物一样没有自理能力，家长也会因为孩子不打扫房间而责怪孩子。

教育孩子要有耐心，五次不行，就十次，十次还不行就二十次。有些妈妈往往按捺不住脾气，会对孩子发火。路上经常会看到有妈妈对着小孩发火，那不是妈妈该有的态度，妈妈应该做好示范，耐心地等待孩子的进步。

孩子要成为风度翩翩的人就必须内心平和，如果误解了风度的意思，反而会变得造作、傲慢。只有谦逊才是真正的风度，造作与傲慢都是因为内心的自卑引起的。为了掩饰内心的自卑，才会购买名牌，精心化妆，用华丽的外表包装自己。

从小依赖的习惯会让人卑微，唯有主人翁意识，才会让你变得有风度。教育孩子不仅要言传还要身教，以身作则才是最好的教育方法。爸爸说脏话，却教育孩子不要讲脏话，这是没用的。爸爸晚归，却教育孩子早点回家，当爸爸不在家时，孩子仍会晚归。因为孩子知道晚归也没什么大不了。孩子看到爸爸酗酒虽然会想“我长大后不会酗酒”，但往往长大后也会酗酒。孩子看到父母吵架，会想“我结婚后一定不吵架”，但实际上结婚后肯定会吵架。夫妻离婚的时候，孩子也会想“我以后肯定不会离婚”，但往往在结婚后过得不如意时，就会想到离婚。

内心和理智是不一致的。内心是一种习惯，是自己无法控制的，所谓的潜意识就是这样。

孩子从三岁到上小学前，跟着父母养成了言行举止各方面的习惯。所以，父母必须严格要求自己行为正确。花钱让孩子上钢琴、跆拳道等各种辅导班都不是最重要的。

夫妻和睦，让孩子内心平和；父母以身作则，做孩子的榜样，这才是最成功的教育。

## 青春期，守护的爱

过去，由于生活贫困，很多孩子得不到精心照顾，健康得不到保障，而且也没有读书的机会。如今的孩子，营养充足，学习条件好，智力发育更加健全。

但到了青春期甚至上了大学后，仍然会像个不懂事的小孩，做一些幼稚的事情。这都是因为家长代劳的事情太多，剥夺了孩子自力更生的机会。尽管这也是爱，但最终却害了孩子。爱是父母的初衷，但实际上却不了解孩子的成长的特点，不知道如何正确地爱孩子。

青春期的孩子有一个共同特点：情感和思想都逐渐以自我为中心，呈现多样性。有时候会怀疑人生，厌倦学习，会悲伤，甚至会想到死，也开始关注异性。这个时期最大的特征就是：无论什么事情，都要亲自体验。年幼时只会按照父母的指示行动，但是到了青春期，便什么都要亲自体验，逐渐形成自身的主体意识。

在父母看来，是孩子突然变得不听话了，并能感觉到孩子的叛逆。小时候，只要告诉他东西烫手，千万不要碰，他就不碰。但是现在，尽管父母提醒了，但是孩子还是会小心翼翼地用手碰一下，然后一边说“啊，好烫”，一边把手缩回来。小时候没能亲自感受，长大体验之后，“烫”会变成他自身的感知。

孩子长大后，除了父母的教诲和看书外，自己的研究和体验是获得知识的又一途径。他们会恋爱，并且经历失恋，尝到心痛的滋味，体验人际关系。

这个时期，父母能做的便是守护着孩子。孩子摔倒了，父母不用扶他起来，而应该在身旁默默地守护着他。这个时期，孩子在遭受很多挫折，经历很多失败的教训后，才会逐步地成熟，父母必须耐心地等待。

父母认为，仅仅靠守护不能完全履行父母的义务，所以会内心不安甚至会心疼。但是，为了孩子，父母必须忍耐。如果这个时期有干涉孩子的行为，就会影响孩子独立成长。

父母自以为是，无微不至的照顾，不仅会妨碍孩子的自立，而且会给孩子造成压力。父母为想挣脱约束的孩子而操心，孩子也会因为父母的压力受累，彼此都会让对方感到疲惫。

小时候，父母因为精心照料孩子受了累，而现在就应该让孩子自力更生。这样，不仅父母轻松，孩子也会拥有自己的人生。

但是，悉心照顾已经成为父母们的习惯，即使在孩子长大后，仍然认为无微不至的关怀是表达爱的惟一方式。这是让很多父母无法自拔的陷阱。

过去的父母，小时候无法精心照顾孩子，长大后也不会干涉孩子的成长。

一直到正在为人父母的这一代，都是在没有父母的干涉下度过了青春期。不是以前的父母都是教育家，而是因为他们忙于生计，无暇顾及孩子。青春期没有人干涉，孩子才能自由地体验不同的事物。孩子自立了，在恋爱、学习、工作等问题上才能自己做主。

但是，如今的孩子，在本该自立的年龄，受到父母的干涉，虽然生理上成熟了，心理却很幼稚。所以求学、婚姻等问题都由父母决定。房子、工作都是爸妈帮忙解决；自己的孩子出生后也由父母照顾，离婚了，孩子也交给父母。或者就是另一种情况，生活在父母身边，一直不成家，生活仍然由父母照料。有些人，甚至结婚后还要父母照顾。

像这样，父母只能照顾孩子一辈子。这不是孩子自身的问题，在孩子应该独立的时候不肯放手，阻碍孩子恋爱；在孩子彷徨的时候不让孩子彷徨，这都是父母犯的错。孩子因此变得懦弱，父母从生下孩子一直到老都要为此付出代价，这便是因果。

孩子对父母的妨碍产生逆反心理后，不利于他自身的独立成长。逆反心理让他迷失了方向，孩子不仅对父母没有感激之情，反而会对父母充满埋怨。最终，孩子会因为无法自立而一直依赖父母。

野生动物出生一段时间后便能学会独立生活。但是，如果把家养的动物重新放回大自然，它便无法生存，最终还是回到家中，赶都赶不走，因为它没有生存的本领。

人亦如此，如果一味地呵护、溺爱孩子，孩子

在孩子应该独立的时候不肯放手，阻碍孩子恋爱，
在孩子彷徨的时候不让孩子彷徨，这都是父母犯的错。
孩子因此变得懦弱，父母从生下孩子一直到老都要为此付出代价，这便是因果。

将会成为父母一生的负担。所以，孩子小时候，很听话或缺少主体意识，不一定是好事。作为父母，一定要知道这一点。

孩子到了初中阶段父母应该懂得尊重孩子的意见，并要与之对话，将对话作为说服的手段，而不是把父母的意志强加给孩子。

“不喜欢学习？”

“对啊！”

“爸爸妈妈那个时候也讨厌学习啊！”

“真的吗？”

“当然了！”

其实，大人都理解，所有的应试学习都是索然无味的。父母应该回想自己小时候，理解孩子并和他沟通。

“那想上大学吗？”

“不想。”

“那你想做什么呢？”

孩子如果有自己的梦想，就应该创造环境，帮他实现理想。如果想上大学，那就跟他聊聊应该怎么做才能进入大学。

“是想进名牌大学，还是一般的大学啊？”

“当然想去名牌大学啊。”

“必须认真读书才能上好大学，否则，就只能放弃这个想法哦。”

不能一味地跟孩子强调必须学习，必须上好大学，而应该告诉孩子实现理想的方法，温和地和他沟通。

父母为了孩子的未来，自以为是地强调自己的想法，孩子便会拼命反驳，力图挣脱。孩子成长过程中，自主行事尤为重要，父母只需要默默地守护，必要时提出意见就可以了。

孩子长大后，以爱为借口而不给孩子自由，这只能是执迷不悟。小的时候不精心照料，长大后却给予不必要的“关心”，孩子会产生压迫心理，并开始反抗。

所以，在孩子的中学时代，父母应该尽量地让孩子亲自体验，给孩子一定的自由，这才是父母应该做的。不管是什么事情，反复三四次之后仍有问题时再给予一定的关注。让孩子在经历失败的过程中，积累经验教训，学会自我反省是非常重要的。

# 成年后，冷静的爱

爱，按照不同的阶段，可以分为三种。第一种，孩子小时候，无微不至的照料，是无私的爱；第二种，孩子青春期，努力克制强加干涉的心理，默默地守护是爱；第三种，孩子成年后，父母克制自己的内心，让孩子走自己的路，是冷静的爱。

妈妈们都有无私的爱，但却缺少默默守护的爱和冷静的爱。因此，在子女教育问题上，常常遭遇挫折。即使孩子已经二十、三十、甚至四十岁了，父母仍然要为他们操心，甚至还要操心孙子、孙女的事情。这不是别人的错，都是咎由自取。

现在的父母将孩子进入名牌大学作为最高目标，只让孩子读书学习。事实上，进入名牌大学并不是最重要的，如果连孩子都不能掌控自己的人生，父母也无法为子女的人生买单。

该独立的时候应让其独立，就必须从小锻炼孩子各方面的自理能力，二十岁之后，让孩子对自己的人生负责，让孩子成为一个坚强的人，父母就不再干涉子女的人生。

古人说“做长工的儿子会尽孝，父母倾家荡产供他读书成才后反而不孝”。过去，抚养孩子非常艰难，但十五六岁、二十岁后，便能够成为精壮的劳动力，不管是做苦工还是干别的，都会赚钱赡养父母。所以，在过去，孩子越多，父母觉得越可靠。尽管抚养时很困难，但长大后便会成为一笔财富。

如今刚好相反，尽管子女都已经长大，但仍需父母操心，父母一辈子背负着照顾子女的重担。现在若和五六十岁的妈妈或者奶奶聊天，都是在为子女操心。本来年纪大了之后，担心的事情应该更少，如今反而变多了。

“读完本科、硕士后，又要出国学习去，一直供他上学也很累，不知道他什么时候才能结婚成家。”

孩子是仍在读书的大龄未婚青年，父母既有经济上的负担，又要担心孩子的婚姻问题。二十岁后，便是成年人，“成年”的意义就在于独立。子女有自己的人生，不管怎样父母都不该干涉。是结婚，还是独身，或者出家；是创业还是就业，或是留学，子女有自己选择的权利。即使是父母，也不可以干涉。父母不该总为子女操心，应该消除满足孩子一切愿望的想法。

当孩子会问妈妈，我该做什么的时候，“孩子，这是你的人生啊，我怎么会知道答案呢？妈妈自己都还在彷徨，怎么能去干涉你的人生呢？这个问题的答案只有你知道，妈妈是无法回答的。”妈妈应该这样回答，果断地让孩子意识到学会独立刻不容缓。

“儿子都四十岁了还没有结婚。”

很多父母都在为子女的婚姻操心。这个问题也是因为父母干涉孩子恋爱造成的。孩子在青春期，通过与异性交往，经历分手，体会心痛，才懂得如何去爱。但是，那时候父母一味地强调学习，并阻止子女与异性交往，这样孩子便不知如何与人相处。等孩子年龄大了之后，又催着子女赶紧恋爱。

妈妈们都有无私的爱，但却缺少默默守护的爱和冷静的爱。
因此，在子女教育问题上，常常遭遇挫折。

孩子不知如何恋爱，替子女找对象最终就成了父母的责任。如果在孩子初高中时期，允许他尝试与异性交往，成年后便知道如何挑选合适的结婚对象，父母同意便可，不需要再操心。反之，子女婚姻的重担将会落到父母肩上。

从孩子的角度看，父母影响他独立的时候便会产生“让父母一辈子对自己负责”的想法，所以不管父母怎么为他付出，子女都会抱怨。这对父母和子女来说都是不幸的。

父母原本是为儿女着想，结果却适得其反。尽管会觉得委屈，但必须知道这都是咎由自取。

让儿子赶紧结婚成家的方法很简单：让他离开父母独自生活。妈妈总是从吃饭到洗衣把一切都打理好，除了生理需求之外，儿子根本感受不到结婚的必要性。所以，必须让儿子独自生活。离开家后，就不要再操心他洗衣吃饭的问题，挨饿也好，邋遢也罢，一切都听之任之。

这样，他就会感觉到结婚的必要，对配偶的要求也会从幻想落到现实中。妈妈把儿子的生活料理得很安逸，儿子便看不上普通的女孩。这样的孩子被称作“袋鼠族”，这都是由于妈妈们对孩子过度溺爱造成的。就算是女儿也一样，过了二十岁也一定要让她独立生活，最好是断绝经济上的支持。即使给零花钱也最好以借的方式，因为这样，孩子才会知道经济独立的重要性。

培养孩子自力更生的能力是父母送给子女最好的礼物。如果不能给予精神财富，仅仅留下物质财产，反而会害了子女。

“孩子说上班很累，就让他辞职回家了。可是，之后却不断地收到信用卡催款单。刚开始，都帮他还了，但是后来实在生气，不想再帮他还，但又怕他留下不良信用记录，毕竟他还没有工作。”曾经有位这样的妈妈过来咨询。

不管孩子做什么，哪怕是重活累活，都应该让他有自己的人生。如果仅仅因为孩子有点累，就让他辞职回家，这样的孩子就会依赖父母，变得没有责任感。

如果子女成年后，仍然向父母要钱，就让他写借条，并要求他每月还钱，应该像对待大人一样对待子女。只有妈妈把子女当大人看，子女才会成熟。哪怕其他人都仍然视其为孩子，妈妈也一定要像对待大人一样对待成年的子女。

父母没有必要为儿女自己作决定而担心。这也操心那也操心，什么事都想干涉、帮忙，父母会很累。不要干涉，也不要帮忙，果断地割舍对孩子的不放心，并打消满足他一切的念头。

帮他还钱是对子女的怜悯，父母只是为了安抚一下自己痛苦的心灵，并不是真正为了子女好。

所以，尽管帮子女还了钱，但是对他们的人生毫无帮助。明明是为了自己却要说为了子女，这样下去必然会和子女产生矛盾，成为冤家。

家境稍微宽裕的家庭，就更难解决此类问题了。妈妈一心软，就给孩子钱。如果真的为孩子好，就不要留下任何财产，这样子女才会很快找到自己人生的道路。

一家人住在租来的房子里，父母没有收入，子女会马上出去挣钱。但是父母往往不能冷静地下定决心，明知道为了孩子必须这样做，却怎么也做不到。因为儿女一直依赖着父母的财产，所以很难解决问题。不是没有解决问题的方法，而是父母做不到。哪怕是下了决心，也会因为担心孩子而重新给予经济支持，这就让父母陷入进退两难的境地。

孩子超过二十岁，妈妈仍然为之操心，子女自然会依赖父母。相反，如果妈妈到了快饿死的境地，子女便会想尽办法把妈妈救活。若家中一贫如洗，妻子应该相信丈夫，即使自己不出家门，丈夫也会挣钱养家。相反，如果说“你在家待着，我出去挣钱”。这样，丈夫会依赖妻子一辈子。

自己的人生应该由自己做主。如果决定依靠丈夫活下去，就作好挨饿的准备，否则就自己出去挣钱。

子女同样有自己的人生。孩子上大学后，不管他是否挣学费，都要断绝经济支持，子女会对自己的人生负责。子女二十岁以后，作为一个成年人，应该获得尊重。父母不应该把子女占为已有，要做到不干涉、不操心。

但事实上，父母却总是操心，在各个方面干涉子女，想把子女绑在自己身边。孩子大学毕业工作后，打算独自生活，父母便说“家里这么舒服不待，出去要吃苦的”，想方设法留住孩子。

如果这样，父母只能让子女依赖一辈子。

孩子二十岁后，父母要果断割舍亲子之情，这才是爱孩子的正确方法。孩子上大学后，不提供学费，让孩子贷款上学，毕业后自己还贷。实在不行，就提供无利息借款，写下借条，等工作后再慢慢还清。

这才是让子女成长，教育成年子女的正确方法。

## 对待不同的年龄阶段需要智慧

孩子在不同的年龄阶段会呈现出不同的特点，父母也应该采取不同的方法对待，这才是合理的做法，对彼此都好。人年纪大了，会有老年人的特点：身体变得僵硬，没有柔韧性，行动不便，尤其是内心也会变得固执，不会轻易改变。

不管自己的父母还是公公婆婆，和老年人一起生活，往往会产生矛盾。这时，如果了解老年人的特点，就不会发生严重的冲突。

老人在年轻人面前，会充分表达自己的意见，但是在子女看来，只是在不断重复同样的话。所以，子女会认为父母的话全是废话。但是其实那些都不是废话，只是思想不变，说出来的话大同小异罢了。不管子女怎样与父母沟通，父母都不会改变。所以子女把父母的话当成耳旁风，不停地反驳。

子女不想听父母的唠叨，希望父母改变，便会反驳。但是父母永远不会改变，希望不可能改变的人发生变化，结果只会让自己痛苦，和父母的矛盾也会更深。

那么，子女应该怎么做才能避免矛盾呢？要顺着父母的意思。不管父母说什么都要回答“知道了，我会这么做的”。有人会反驳：“错误的东西怎么能顺着呢？”

但是，世界上没有既错又对的东西。对错与否都是自己的主观判断，事物原本不存在对错，俗话说：“公说公有理，婆说婆有理。”对与错只是个人的见解。妻子认为是丈夫的错，丈夫认为是妻子的不对。父母说子女有错，子女认为父母不对……

见解是自己主观的判断，我们应该懂得求同存异。尤其是父母上了年纪后，他们的思想未必能与时俱进。如果儿女不了解这一点，而总是试图让父母改变，不能如愿时，便会产生矛盾。最终不仅问题得不到解决，还会伤了彼此的和气。不同年龄、不同时代的人，都有着不同的特征，懂得这种为人处世的道理，便可以减少矛盾。幼儿时期，孩子会模仿，所以不仅要言传还要身教。既然父母不可能改变，那就改变自己，服从父母的想法。不管是父母还是爷爷奶奶，都具有老人的共同特征，这一点，对于僧侣、牧师、神父、政客都是一样的。

如果子女总想改变父母的想法，或者晚辈总想说服长辈，最终痛苦的都是自己。子女都不听父母的话，父母更不可能听孩子的话。父母与子女的关系是一方面的原因，父母有老年人固有的特征也是一方面的原因。所以说，在照顾自己的父母或者公公婆婆时能够顺着老人的脾性是最好的。能够逆来顺受也是一种智慧。察言观色、摸清脾性、互相理解，对解决问题有很大帮助。

不了解别人的性格，试图按照自己的想法去理解别人、改变别人，双方的关系便会产生问题。如果知道不同年龄的人有不同的特点这个道理，那么就能够更深入地了解父母、爱人、子女。了解了别人的性格，并能顺着他人的脾气，与人相处时就不会产生矛盾，从而更获得较好的人际关系。

第二章

# 父母的品性会遗传给孩子

## 不要给孩子画地为牢

父母总是希望子女才貌双全，这样的孩子不仅仅是父母的骄傲，每个人都会喜欢。

如今，很多妈妈把孩子当成可以炫耀的物品。相貌堂堂、身体健康、成绩优异并且听话的孩子在哪里都会成为焦点。

然而，父母不应该只是关心这些表面的东西，而是更应该努力让孩子获得内心的平和，帮助孩子健康地成长。

“儿子上初中，沉迷于游戏，不学习，甚至打算辍学，我很担心他。我要怎么祈祷才能让他好好上学，成为学习好、体育好且听话的好孩子呢？”

曾经有妈妈这样问过我。从提问中便可以看出妈妈的贪婪，就是这种贪婪，把孩子紧紧地束缚住了。妈妈的这些想法，压得孩子喘不过气来，甚至让孩子很想逃避。如果妈妈不愿放弃自己的欲望，孩子的问题就会更加严重。为了孩子，应该像这样祈祷："只要孩子继续上学就可以了"，"仅仅玩游戏已经是万幸了"。

如果不是玩游戏，而是在外面游手好闲、偷鸡摸狗，这就出大事了。孩子只是在家打打游戏，没有出去惹是生非已经是万幸。父母应该相信子女，这位妈妈最需要的就是对孩子的信任，并不断地鼓励孩子。如果妈妈给孩子设置很多要求、画地为牢，想把孩子限制在某个狭小的范围内，是很不现实的。

处于青春期的孩子，正是随心所欲的年纪，妈妈如果忽视了这一点，孩子就会开始逃避。沉迷于游戏也是逃避、抵触的一种表现。孩子试图与妈妈解释沟通，却不被接受，才会沉迷于游戏。

这位妈妈不信任儿子，却对儿子空有很高的期望。孩子若不能如其所愿，妈妈便会表现得很失望。孩子感受到妈妈的失望后，便开始逃避现实，并开始寻找新的精神寄托。

那么到底应该如何为孩子祈祷呢？
“我的孩子很好，不会出问题的，谢谢佛祖保佑。”
要以这样积极的心态去祈祷。

通常，父母看到孩子的缺点就会这样祈祷："请让我的孩子变好吧"，潜台词便是自己的孩子现在不够好。把孩子的错误作为祈祷的前提，因为不好才希望孩子变好。妈妈无意间表现出对孩子的不信任，如果连自己都不相信孩子，那就不要试图希望别人相信自己的孩子。妈妈若这样祈祷，最终都会自食其果。

那么到底应该如何为孩子祈祷呢？

"我的孩子很好，不会出问题的，谢谢佛祖保佑。"要以这样积极的心态去祈祷。

孩子跌倒了，只要能重新站起来就是好事；失败了，只要能够重新振作，也是好事。如果这样祈祷，父母会产生对孩子的信任，有了父母的信任，孩子也会鼓起勇气去克服困难。

在困难面前，妈妈要充分相信孩子，并鼓励他"没关系，你一定可以的"，"你很棒！妈妈相信你"。

相信孩子，并不是纵容孩子的错误。下面的五种错误是不容许犯的，父母要及时指正：

打人、杀人。

盗窃、抢劫。

强奸。

说谎、骂脏话。

酗酒。

除了以上五种行为，其他任何情况都要相信孩子，如果能做到这样，孩子成长过程中就不会产生问题。

# 为孩子能独立自主鼓掌

有很多妈妈抱怨孩子不听话，很难沟通。

“初中二三年级的时候，孩子专门跟我唱反调，变得很难沟通，说自己的事情要自己决定，觉得我的体贴和关心都是废话。我看过您的文章，以为可能是因为从小父母离异，我无法给他父爱，深深地谴责过自己，并且曾经做过修行。但还是放不下对孩子的关心，特别是看到他不认真学习时的样子，我就会生气、发火。”

如果孩子说要自己的事情自己做主，父母应该感到高兴。孩子如果能够自己决定，就减轻了父母的负担。但是，父母却总是不让孩子自己做决定。

父母应该回顾自己的初中时代，那时的家长不允许孩子看电影，但是孩子们还是会偷偷跑到电影院去看。如果被抓到，就会被迫休学。家长们认为这是个问题，但是从另外一个角度也说明了孩子们的好奇心很强。曾经出游时喝得烂醉如泥的那些学生现在照样活得很好。

现在的孩子，不管怎样都比以前营养丰富，发育更加健全。通过电视、网络了解到的东西更多，且普遍早熟。但是要相信，孩子对所见所闻，只是单纯的模仿，并没有其他的目的。

模仿力强的孩子，也很会找理由。如果问家里的孩子，凌晨为什么没有做某事，他不会感到忏悔，反而会说："某某哥哥也没有做啊。"

孩子们喜欢这样，拿别人的行为当借口，所以父母在责骂孩子的时候，即使孩子没有正面顶撞，但是心里却在说：

"可是妈妈你自己做到了吗？"

如果爸爸责怪孩子回来晚了，孩子心里会说：

"那爸爸你呢？"

"你怎么不听妈妈的话呢？"妈妈问。

孩子心里会问："妈妈听爸爸的话了吗？"

孩子把父母的不良行为都看在眼里，从心里抵触父母的责备。父母喋喋不休时，孩子干脆躲进房间，锁上门，不让妈妈进来。孩子也会正面顶撞，但只有在他还没有足够的能力反驳时才会选择这种方式表示反抗。这时候，妈妈常常会气得咬牙切齿："连妈妈的话都不听了，真是太不像话！"

最终妈妈也只能独自伤神，如果矛盾这样持续下去，父母对孩子的抚养在孩子心中就会变得一文不值。

厌倦了妈妈的唠叨，无奈之下躲进房间后，孩子也不会学习。他只会躺在床上，听音乐或者玩电脑，总之只会做与学习无关的事情。

其实，妈妈的内心往往会影响自己对孩子的看法。如果孩子一直在学习，中途玩一下游戏，外出回来的妈妈看到后，就责怪孩子不学习，只知道玩游戏。但是，如果孩子整天都在玩游戏，妈妈在的时候假装学习，这样就不会有任何问题。

这样看来，实质并不是孩子本身的问题，而在于父母看问题的角度。所以，父母认真地自我反省，才是解决子女教育问题的关键。

很多家长都会邀请我当面点拨一下他们的孩子，但我基本不会答应。其实，孩子并没有大人那

父母这样做，是没有真正为孩子的人生考虑。

孩子只是想拥有与众不同的人生，但父母却很固执，不顾孩子的感受，硬是把孩子推到悬崖边。

么固执，只要能和孩子谈话，问题都能顺利解决。

但是，无论孩子现在有多大改变，回到原来的家庭环境后还是会变成老样子。我的点拨也不会有任何效果。

“请您点拨一下我儿子吧，老师。”

“要怎样点拨呢？”

“您是最擅长劝人向善的吧？”

就像我劝说妻子要听丈夫的话一样，让我和孩子说“要好好听妈妈的话”。

妈妈希望她让孩子学习时，孩子就乖乖地学习。

但是和孩子谈话时，必须站在孩子的角度，让孩子自己选择。如果孩子厌倦了学习，甚至觉得学习是一种负担，妈妈再怎么要他学习，对孩子都没有任何帮助。在孩子有着极大心理压力的情况下，妈妈不应该再一味地强求孩子学习。

只有充分地尊重孩子的人生，妈妈才不会只以自己的标准去要求孩子。孩子的问题如果很严重，父母当场大发雷霆，让正处于学习好时机的孩子放弃学习：“还上什么学，马上给我退学！”

父母这样做，是没有真正为孩子的人生考虑。

孩子只是想拥有与众不同的人生，但父母却很固执，不顾孩子的感受，硬是把孩子推到悬崖边。

如果是这种情况，即使和孩子谈话，也解决不了问题。孩子失去了自己的人生，按照父母的意志生活，什么都得不到改变。

人生被别人操纵，孩子不能成为自己的主人，谈话没有任何意义。

# 夫妻之间要互相尊重

“女儿一直到小学毕业，都非常听话，学习也很好。但是上了初中，进入青春期后，出现了忧郁症和不安的症状。到医院检查后，被确诊为多动症。”

曾经有位妈妈为女儿感到担心，她还对我说：

“我丈夫非常宠爱孩子，是个慈祥的好父亲。我虽然有点消极，但却很能忍耐，对孩子比较民主。我丈夫似乎也患有 ADHD[①]，偏向于多血质的性格特点，这一点和我的性格有点不同。有时候在孩子面前我会不由自主地对丈夫很刻薄，这时候丈夫会暴跳如雷。我对此感到不解并且很生气，但是每次都忍住了。我和丈夫都尽量多陪孩子，很少督促她学习，也很尊重孩子的想法。但是孩子却还是认

① 注意缺陷障碍，俗称多动症。

为我们不够尊重她，让我们什么也别管。我们应该怎么办？”

这位妈妈一直在强调，他们尊重孩子的天性，夫妇关系也和谐，但若仔细推敲，事实却不是这样的。妈妈不检讨自己，反而用孩子性格的缺陷和自己为了尊重孩子作出的牺牲来为自己辩护。

仔细分析后便能发现妈妈自身的问题。这位妈妈对丈夫不够关心、不够理解，在孩子面前对丈夫刻薄的态度使得丈夫发火。既然知道丈夫属于多血质类型，那就尽量不要冒犯他，在问题出现前，尽量克制自己。依着自己的性子，惹怒了丈夫，却还固执地归因于丈夫多血质的性格特点。

对丈夫多血质性格固有的偏见，是自己心灵受伤的原因所在。丈夫发火时，妻子若能忏悔自己不够善解人意，不够体贴，就会让自己不受伤害。如果一味地责怪丈夫，“这家伙又在发神经了”，自己会更加受伤，并且给孩子造成不良影响。如果孩子有忧郁症的症状，那就可以推断出妈妈一定就是这种脾气。在年幼的孩子面前，父母并不一定非要大打出手才会造成不良影响。

尽管妈妈是为孩子而不停地叮嘱这叮嘱那，但是孩子却感受不到爱。孩子不仅不会认为妈妈所做的一切是为了自己，而且会感到烦躁。

那么妈妈到底应该怎么做呢？为了孩子，妻子必须懂得尊重丈夫。对待丈夫要像对孩子一样关心体贴。不是因为丈夫的好，而是为了孩子必须充分尊重丈夫。妻子对丈夫的态度会影响孩子，只有妻子先做到尊重丈夫，孩子才会有所改变。

并且，对孩子的日常行为不应多加干涉。像房间狼藉、成绩下滑等对他人不造成伤害的问题，都不要干预。而如果发生像打人、伤人、盗窃这样的行为，应该毫不犹豫地制止。

“其他的事情你都可以随心所欲，但是千万不能有损害他人的行为。这样的行为会招来因果报应，对自己和别人都不好。”

像这样，给孩子严格地划清界限就可以。这样，孩子才不会有压迫感，心灵才会有更广阔的空间。

# 父母的贪婪影响孩子的健康成长

一位已经有三个孩子的妈妈曾经这样问过我：

“小儿子从小就内向，从来不像他哥哥那样，周末的时候经常出去和朋友玩。我常常让他去找朋友玩，他也不怎么出去。到了初二，逐渐开始和朋友出去玩；初三以后，便经常和朋友玩。大概三个星期前，小儿子和其他三个同学打了另一个学生。儿子和小混混成了朋友，可能起初也只是一起玩玩，但是最后却伤害了那个孩子。请问我应该怎么处理这种事情？”

如果孩子性格内向，并不喜欢交朋友，那就应该接受他这种性格。但是，妈妈却督促孩子交朋友，这便是父母们的贪婪。

试想一下，被动的女生会交什么样的男朋友

呢？一定不会和同样被动的人交往，谁主动搭讪，便和谁交往。

孩子属于被动型，不善于主动搭话交朋友。有人主动搭话、邀他出去玩时，才会一起出去。

很大一部分喜欢主动搭话的孩子是平常不认真学习、吊儿郎当的学生。经常主动搭话，主动约他一起玩，便慢慢成为了朋友。打人、伤人这样的事情，起初只是见过一两次，渐渐地便加入到其中。

“我儿子本来很善良的……”

说这种话是没有必要的。如果去跟被打、或东西被抢的孩子的妈妈解释说“我们家孩子本来很善良，只是因为交友不善”，只会招人白眼。

如果是这种情况，妈妈不要再纠结于孩子为何变坏，而应该考虑以后怎么办。

“因为孩子比较被动，像这样调皮一点儿，哪怕在学校挨骂受罚，只要可以交到朋友就可以。”

妈妈可以换个角度这样想，不要责骂孩子，只要提醒孩子注意几点就可以了。告诉他不要随便拿别人的东西，不要打人，不要做有损他人的事情，尤其要提醒孩子不可以发生性骚扰事件，其他的就不用多说了。

如果总担心会发生这样的事情，还有一种方法就是搬家。孩子好不容易交到了朋友，如果阻止他和朋友见面，孩子肯定会反抗。这时，对孩子来说，朋友反而显得更加珍贵，况且原本很孤独的人，一旦交到朋友便会更加投入。

这时候，应该悄悄地带着孩子搬家。为了孩子，父母应该不惜一切代价。在孩子因为调皮捣蛋而被学校开除之前搬到别的地方。

当然，搬家并不能解决根本问题。孩子本身很内向，搬家后可能会比较难适应新环境，对这一点父母也应有所准备。

妈妈总是陷于“性格活泼，善于交友，不变坏，学习好”的完美期待而无法自拔。

但是要做到学习好、善于交友、不交损友、交了损友也不会越界，恐怕很难。

虽然是自己的孩子，但却觉得和自己完全不一样。如果父母按照自己的意志控制孩子，必然会出现问题。错误的教育方法，会导致孩子的抵触。小时候，没有其他宣泄途径，只能按照父母的意志生活，长大后有了“朋友”，便有了突破口。所以，妈妈更应该巧妙地应对这个时期的孩子。

内心的欲望就像豆种，但并不是所有的豆种都能发芽。如果把豆粒放在屋檐上，它无论如何都不可能发芽，只有埋在地下，有合适的温度和湿度才会发芽。但仅仅有合适的温度和湿度，而没有豆种也不会有豆芽，这就是所谓的因缘。

消除内心恶种的行为，称为修行。即使修行不能消除恶种，也能抑制其发芽，改善环境。

修行会让自己获得快乐，同时也为孩子创造了良好的环境，这就是在改变缘，这便是孟母三迁带给世人的启发。

若想改变环境，那就要付出一定的努力。当然，并不是所有的努力都会有回报。尽管可能只会得到百分之一的回报，但是为了孩子，一定要努力付出。

如果什么都不做，孩子是不会改变的。如果妈妈贪图安逸，有不如愿的地方就骂孩子，责怪丈夫，抱怨社会，孩子怎么会有良好的性格呢？没有哪件事仅仅靠担心就能解决。

孩子如果不学习，家长对他成绩下滑应该早有准备。要想孩子成绩好，就必须让他在风和日丽时放弃出游的机会，在家里认真学习。

埋下恶种，却不想食恶果，这是种奢望。从现在开始，为了孩子，不管做什么，都必须有坚定的决心。

# 教育孩子学会在争吵中交朋友

“孩子现在八岁，在外面被人打了。作为家长，我很心疼，但却不知道该怎样教育他才是正确的。是让他还手，还是让他就这么忍着呢?”

曾经有位妈妈这么问我，于是我反问她：

“就算是给别人补偿，孩子能把别人打一顿，家长心里也会痛快；相反，即使自己有理，如果孩子挨了打，家长心里会舒服吗?”

“相比于挨打，还是把别人打一顿好一点吧。”

孩子长大后，尤其是男孩，和朋友打架是很正常的事情。如果孩子被打了，妈妈会觉得孩子在竞争中被淘汰了。

妈妈会担心：“这么小就被欺负，以后如何在险恶的社会中生存呢?”

八岁的孩子尽管挨了打，一般情况下，能被打成什么样呢？顶多挨几拳头而已，但却没有什么恶意。

“尽管是这样，看到孩子每天挨打，我就恨不得和孩子一起以牙还牙。并且教孩子要还手，但是孩子好像有点胆小，根本做不到。”

这位妈妈不满孩子的怯懦。但是如果孩子能打，他肯定也会还手，并不是妈妈让打就打，不让打就不打的。

所以，要认同孩子内心的想法。如果孩子被打了，哭着回来时，要安慰他说：

“被朋友打了啊，好孩子，乖乖。小孩子打架很正常哦。可能你的朋友心情不好吧，或许他在家被妈妈骂了呢。没事了，不哭啊。”

能这样安慰孩子就最好了。俗话说：“打了孩子娘出来。”孩子被打了，妈妈不服气，结果和对方家长也发生了争吵。

以前，兄弟们一起生活时，亲兄弟之间也会争吵。连兄弟之间都会有争吵，更何况是学校的朋友呢？吵架也是孩子们互相磨合，学习寻找平衡的过程。哥哥责怪弟弟时被妈妈责怪是一种平衡；弟弟跟哥哥闹腾，挨打了也是种平衡。

但是，现在的孩子都是独生子女，不懂得关心他人。所以，更容易和别人产生矛盾，而且会闹得更大。无论怎样，吵架都是正常的。在矛盾中，学会关心他人，这并不是仅仅靠教育就能形成的。

孩子在与他人产生摩擦的过程中学到了各种与人相处的方法。所以，没有必要为孩子打架过分操心。父母要注意，孩子挨打后，不能责骂孩子，让孩子更受伤。

吵架本身没有问题，十次、一百次都没关系，但是如果孩子因为吵架，心灵受到伤害，就会产生受害意识。压抑久了便会产生报复心理，忍耐到一定极限后会对对方实施报复，必然会伤害别人，最后酿成大祸。

相反，如果一直忍耐下去，受害意识会逐步膨胀，有了攻击性，从而心理发生扭曲。所以应该安慰孩子，不要让孩子因为吵架或打架而心灵受到伤害。

要这样安慰孩子："小孩子吵架，没什么大不了的，没关系，就当自己摔倒了吧。不哭了，快起来。"

应该保护孩子，不要让孩子因为吵架或打架而心灵受到伤害。

孩子若吵架了，应该安慰他说：

“小孩子吵架，没什么大不了的，没关系，就当自己摔倒了吧。

不哭了，快起来。”

家长插手孩子之间的矛盾，指使孩子还手，是不对的。小时候，有因为喜欢别人的玩具，就拿走或者抢走，当然也有自己的玩具被抢走的时候，长大后回想起来就会发现那些都是微不足道的小事。

小朋友之间的矛盾原本都是微不足道的小事，家长一旦插手就容易扩大。所以，家长不要妄加判断孰是孰非。同样，千万不能教训孩子说："你怎么可以挨打呢，怎么像个傻瓜一样不知道还手？"更加不能拉着孩子一起去报复，这些行为往往会使孩子成为捣蛋鬼。

如果孩子挨打了，也不要生气，要好好听孩子讲述事情的经过。但是，这种情况下家长往往容易生气地说："是哪个大坏蛋干的？"这句话的潜台词就是，打人的小孩要遭到报复。

因为打人的小孩儿是坏蛋，必然要报复，成为孩子形成报复心里的根源。孩子会认为要么妈妈替自己报复，要么以后自己报复。

这时候，应该抚慰孩子受伤的心灵："现在心里难过吧？每个人小时候总会遇到这些事情的，笑一笑就没事了。"或者带着孩子到对方家里："你们打架了吧？以后不能这样哦，要好好相处哦。”让两个孩子和解。

“好好照看我的孩子”，这样的嘱托根本不管用，责骂那个孩子也没有用，最好的方法就是让孩子们和解，以后好好相处。

# 旧伤疤是别人无法理解的痛

有一次，和故乡的几个朋友叙旧，一位喝醉了的朋友突然说："我对您有意见。"

虽然还是小学四年级的事情，但是那位朋友仍然记得。那个时候，村子里还没有足球，伙伴们就把稻草扎成球踢着玩。朋友们一起商量后决定每人出十块钱，合买一个足球。后来，大家就各出了十块钱，买了个足球一起踢。当时那位朋友没有交钱，但还是想和我们一起踢球，我就和他说：

"你以后不要和我们一起踢球了。"

因为他没交十块钱，所以就不让他踢了，如果朋友不提，这件事我怎么也想不起来了。听他说完后，我才意识到，那个时候的我原来是那个样子的。那时，我以为身为班长，应该是非分明，当然也会认为不交钱还一起踢球是不对的。

其实，有时候并不是真正的伤害，而只是当时自认为受伤的想法已经根深蒂固。

伤疤就是这样，受伤的人，永远都不会忘记。所以，人总是记得自己的伤疤，但却总是忘记自己曾经伤害过别人。如果提醒对方曾经伤害过自己，他肯定不会记得，或者会劝你不要计较那些事情了。这样，受伤的人会更加受伤。

生活会带给我们很多伤疤，而且越亲近的人越容易让自己受伤，比如父母。我们将父母的养育之恩抛之脑后，因为父母不让自己上学，却让哥哥上学而受伤，并且讨厌父母。

两个孩子如果吵架了，一般情况下，妈妈会劝哥哥说：“你比弟弟大，应该让着弟弟啊。”跟弟弟则说：“小孩子不要跟哥哥胡闹。”

孩子长大后回忆起来时，弟弟会说：“以前说我小，怪我不该胡闹。”哥哥则会说：“我和弟弟一吵架，就叫我让着弟弟。”最终，两个孩子都受伤了。其实，父母并没有偏袒谁，但是孩子却只记得自己的旧伤疤。

人总是觉得自己在受伤，并且总是抱怨，所以不会感受到生活的幸福。其实，有时候并不是真正的伤害，而只是当时自认为受伤的想法已经根深蒂固。

如果能以这样的心态回想过去的伤疤，那么就能坦然面对曾经的伤害。

# 让孩子感受到
# 妈妈全心全意守护的真心

“儿子十岁时，患上了结巴和抽动症。起初只是喊‘妈妈’时才出现症状，本以为能够自动恢复，但是后来不得不去接受言语治疗。接受治疗有五个月了，现在已经好多了，和同学交流时也听不出来了。但是与爸爸和神经科医生，尤其是和我说话时还是比较明显。这种症状的出现已经有七个月了，孩子自己会努力地克制，但越想克制，结巴就越厉害，好像是因为我的缘故才有的症状。想到对孩子有做的不当的地方我就会后悔，现在对儿子也是处处小心，我的心理现在似乎也有点不正常了。这应该怎么办啊？”

曾经有位妈妈向我倾诉她的痛苦。那么这种情况，妈妈应该采取什么样的态度呢？

“即使你说话结巴，妈妈也会爱你的。”

“哪怕世界上所有的人都觉得你不对，妈妈也会爱你的。”

“你残疾也好，成绩差也好，惹是生非也好，妈妈会一直爱着你。”

这才是妈妈应该有的真心。

妈妈是孩子最后的港湾，当孩子疲惫时，看到妈妈便会感到温暖。

不管世事如何，保护孩子都是妈妈的职责。就算儿子杀人被判死刑了，妈妈也会向法官求情：“求你放了我儿子吧，让我替他去受罚吧。”

孩子结巴怎样，落后于别人又怎样呢？孩子因为结巴，而被别人笑话，妈妈也不必感到焦躁和不安。

“结巴没关系，又不是什么大问题。”

妈妈若这样安慰孩子，孩子会觉得至少还有妈妈相信自己，心里也会舒服一些。

“不管我怎样说话，妈妈都不会讨厌我。”

孩子如果能这样想，和妈妈说话的时候也不会太在意是否结巴，自然也就不再结巴了。

“我要怎么做，孩子才不结巴呢？”

妈妈怀着这样的目标，对孩子并不好。因为一旦不能达成目标，或者努力过程中孩子接受较慢，

“即使你说话结巴，妈妈也会爱你的。”

“哪怕世界上所有的人都觉得你不对，妈妈也会爱你的。”

“你残疾也好，成绩差也好，惹是生非也好，妈妈会一直爱着你。”

这才是妈妈应该有的真心。

妈妈便会感到压力，这种感觉传染给孩子，孩子也会因此而受伤。

相反，妈妈应该理解孩子的心情，结巴不是最重要的问题，说话流畅了，又能怎么样呢？是为了成为花言巧语的骗子吗？

不管在什么情况下都要深爱着孩子，只有怀着这样的心态，孩子才会有被肯定的感觉。同时，妈妈还应该这样祈祷："曾经，我作为一位母亲，不够尽责。从现在开始，我将不惜一切地努力爱着孩子。"

通常，父母对孩子都充满期待，一旦实现不了，便会发火或者教训孩子。学习好、会说话、钢琴弹得好、跆拳道打得好、英文好，父母认为这些都是孩子应该做到的。

如果周围有孩子考取了名牌大学，便会寒心地看着自己的孩子，羡慕地说："要是我的孩子也能考上就好了。"

如果孩子根本就不是上名牌大学的水平，硬是靠祈祷、靠运气进去了那又怎样呢？实力不够，会跟不上其他的学生，这样，孩子便会有自卑感，并且会很痛苦，最终会因为无法适应患上心理疾病，自杀的概率也比较高。即使能平安毕业，进入社会也是名不副实，缺乏应有的适应能力。

父母的欲望最终断送了孩子的前程，如果孩子上快班很吃力的话，就应该让孩子上慢班。在慢班，孩子反而是优等生，会重新获得自信。

不要只在乎金钱和地位，不管世界怎样，妈妈都应该尊重孩子的天性和本能。

孩子如能在妈妈的信任下成长，结婚后也会相信别人。从小就被妈妈抛弃的孩子，长大后也不会信赖他人。

如果因为外表不出众、学习不好、说话结巴、身体不健康被抛弃的话，进入社会后很难独立生存。妈妈夺走了孩子的自尊心，孩子便很难再适应社会。

不要只想着让孩子改变，而应该抱着孩子，用充满爱的眼神看着他说："妈妈就是爱现在的你，不要有任何负担。"

甚至连这样的话也不用说，因为这样也有可能会加重孩子的负担。

"妈妈爱你。不管怎样都会保护着你。"像这样，经常鼓励孩子就可以了。

## 切勿因孩子产生负担

“儿子正在上小学六年级，他三岁的时候，发现眼睛不聚光，去儿童医院检查后，被确诊为发育不健全。现在，他正在上普通小学，比同龄小孩发育迟缓三年左右，并且有焦虑症症状，对社会的认知也比较迟钝。孩子明年就要上初中了，我正在犹豫到底是让他上课业轻松且比较自由的特殊中学[①]还是上普通的中学。”

这个问题答案不在于特殊中学与普通中学哪个更好。妈妈有时候觉得有必要把孩子送出去上学，但却因为不放心，最终根本做不到。如果是这样，

① 特殊中学也被称为选择性中学（Alternative School），是采用非传统、新式或非标准教学或学习方法的学校。在韩国，这种学校是专门给那些在学校不能好好上课或者不能和同学们很好交流的学生准备的。他们中有的人比较自闭，有的人太过活跃，还有一些人是因为其他原因。

无论如何都要忍痛把孩子送出去。

如果因为自己要上班，没有能力照顾孩子，想花点儿钱把孩子送到那里，那么最好还是别这么做。父母应该首先判断自己的内心，到底是为了减轻自己的负担还是为了孩子着想才要把孩子送过去。

孩子发育迟缓，如果父母都会觉得有负担，一聊到孩子便会黯然神伤；如果因为孩子觉得负担很重或者对人生感到绝望，那么父母只能沉浸在自己的痛苦中，根本无暇考虑孩子的问题。不会考虑如何帮助孩子，只会被太多的负担牵绊。

父母如果真心为孩子着想，无论孩子怎样，都会有一颗幸福的心。只有父母感到幸福，才会以积极的态度考虑如何帮助孩子。相反，若总是沉浸在自己的痛苦中，孩子始终是自己的负担，无形之中便会做出把孩子托付给别人的决定。

父母的心理负担，会让孩子有被抛弃的感觉，结果只会导致孩子对社会的不信任，无论去硬件多优越的机构，孩子都很难成长为优秀的人。

父母天天念叨着孩子的未来该怎么办，表面上是在为孩子担心，实际上是在感叹自己的不幸，是在为照顾孩子叫苦。因为这样，孩子便失去了存在感，且心理会发生扭曲。

这个时候父母有两种选择：第一，尽管有点累，但还是让孩子上普通初中，和正常的学生一起学习、生活；第二，把孩子送到特殊中学，让他接受相应水平的教育。如果孩子的症状很严重，和正常的学生一起学习反而会遭受挫折并且绝望的话，那么特殊中学可能会更适合他。

作决定之前，应该好好考虑到底哪种选择对孩子的未来更有利。如果觉得和同类的孩子一起接受教育更好的话，哪怕是借钱也要把孩子送过去。

如果觉得上普通中学有利于孩子过正常生活，那么妈妈哪怕是辞职也要把孩子照顾好，让丈夫一个人挣钱，妈妈应该不惜一切地陪着孩子一起上学。

如果一味地想摆脱负担，焦躁地希望孩子快点好起来，但孩子却毫无起色，只要事与愿违，家长便会发怒。这样，孩子就会感到有压力，最后不仅对孩子没帮助还会产生反作用。

所以，应该放弃对孩子的期待，要为孩子一点

如果因为孩子觉得负担很重或者对人生感到绝望，
那么父母只能沉浸在自己的痛苦之中。

一滴的进步而感到骄傲。只有这样，孩子才会越挫越勇，变得勇敢无畏。

妈妈心情舒畅是最重要的，要经常做感恩祈祷。

感谢上天赐予孩子生命，把孩子视为有福之人，孩子便会树立起自信心，茁壮成长。

# 粗鲁行为的背后是压抑的心灵

“我有两个儿子，大儿子现在正上初中一年级，一切正常；但是小儿子从去年开始似乎提前进入青春期，有暴力倾向，并且喜欢说谎，整天有气无力，总是会有与他年龄不符的行为。我现在已经辞去了原来的工作，正在考虑应该为孩子做点什么。”

曾经有位妈妈对我这样倾诉过。

孩子说谎是因为妈妈不允许他随便出门，才编造理由骗妈妈。如果妈妈不干涉，孩子也就不会撒谎。孩子嘴上虽然答应妈妈不出去，但最终还是出去了。可见，孩子撒谎是因为父母过多的干涉。

另外，孩子如果有暴力倾向，有一些过激的行为，是因为他的心灵受到了压迫。

如果大儿子很正常，只是小儿子有问题的话，那就说明夫妇两人，结婚初期感情不错，但后来产生了一些矛盾。

压抑心理导致的暴力倾向，即使现阶段不出现，结婚后也一定会出现。生气的时候，也许会对妻子施暴。或者，喝多了之后，本来很斯文的人话会变多，行为也变得粗鲁。压抑心理在受到刺激后便会爆发出来。

孩子之所以这样，可能是因为爸爸受到工作不顺利的打击爆发的影响，也可能是受到妈妈压抑心理的影响。

孩子出现暴力倾向都是父母的错，所以，不要总是把孩子的行为当做问题，抱怨他不懂事，而应该感到心疼，反省是自己的失误让孩子受苦。

当然，这并不是要父母袒护孩子的不当行为。孩子如果有暴力举动，还抱着孩子，护着孩子说："哎哟，看来我儿子今天心情不好啊！""孩子们不都这样吗？没关系啊。"这肯定是不行的。有错就是有错，这时候千万不能袒护他。

但是，原因在于父母，不能责怪孩子。应该怎么办呢？这时候，父母要积极地安抚孩子的心灵，减轻孩子的心理压力。

所以，首先不要总是归咎于孩子，而应该先反省自己，思考自己的压抑心理是从何而起。这种情况，往往是因为与丈夫的关系紧张造成的。

妻子总是觉得丈夫不对，但这也只是自己的观点。总是猜疑丈夫的行为，要么忍着、要么发火，这样反反复复，最后就影响了孩子。

意识到这一点后，应该立即忏悔，领悟到丈夫当初的做法是有道理的，只是自己没有理解而已。这样，就能解开自己的心结，减轻心理压力。

如果对丈夫不满，会对孩子造成不利的影响。相反，如果能妥善处理和丈夫之间的矛盾，自然会给孩子带来积极的影响。

## 智慧地平衡孩子的不满情绪

如果一个家庭里有几个孩子，可能老大有时候会说："没有弟弟妹妹就好了。"在他看来，妈妈总是更偏向弟弟妹妹，不管妈妈怎么否认，孩子也还是这么认为。因为，妈妈在责怪孩子时，经常会说："哥哥姐姐要让着点儿小的。"

长此以往，孩子心灵受到了伤害，不管妈妈怎么安慰，他都会认为妈妈只爱弟弟妹妹，讨厌他一个人。

如果老大和弟弟妹妹吵架了，妈妈只要说："两个人又吵架了，快别吵了。"最好不要总让哥哥姐姐让着小的。

前一段时间，有位妈妈曾经因为这些问题来找我倾诉。

"三个孩子当中，最大的女儿面对弟弟妹妹时会有受害心理，她觉得有弟弟妹妹是件很丢人的事情，尤其讨厌二儿子。进入青春期后，她鄙视那些外貌不如自己出众的女生，自我感觉特别好，说话口无遮拦，受到同学们的排挤。学校老师也说她没礼貌、不谦虚。要怎样才能让她成为懂得关心他人的好孩子呢？”

这种情况，父母应该理解孩子的心情。因为大女儿曾经独享母爱，弟弟出生后就抢走了妈妈的爱。尽管妈妈仅仅是因为弟弟小，才更加照顾弟弟，并不是爱的轻重。但还是给大女儿造成了伤害，于是便对别人产生了攻击性。

没有孩子之前，夫妻很恩爱，孩子出生后，妻子把全部的爱都倾注在孩子身上，这时候丈夫也会受伤，这也是为什么丈夫都不太疼爱老大的原因。

但是，丈夫无法将这种不快说出口，一是怕妻子觉得幼稚，二是自己无法认同自己的这种想法。虽然不能表现出来，但是心里却受了伤。虽然尽量表现得自然，但是妻子却不能理解这种心理。反而会唠叨说：“都这么大的人，不能帮我照看孩子也就算了，反而还要我来照顾你。”这时候，丈夫就会无话可说。

这种时候，连大人都会觉得受伤，更不用说孩子了。所以，有了第二个孩子后，妈妈要尤其注意安抚老大的情绪：“哎哟，别不高兴啦！妈妈更爱你。弟弟还小，妈妈必须先照看他，你等一会儿，妈妈马上就来啊！”

妈妈有了这样的智慧，孩子自然会懂得应该好好照顾小弟弟的道理。但是，如果无意中对弟弟产生了敌意，那么偶尔会有一些过激行为也不足为奇。

孩子和老师相处得不好，也是因为嫉妒心。老师更加喜欢别的孩子，孩子会因为嫉妒跟老师顶嘴，以此表示抗议。这个问题，不能仅仅靠责怪谁来解决。孩子并不是故意的，只是因为小时候的伤疤，导致她无意中这么做。这时候，理解孩子是最重要的。

另外，如果孩子没礼貌，妈妈有必要首先反省一下自己。尽管自己可能没有发觉，但必须想想自己是否曾经对孩子或丈夫过于唠叨，或者在婆婆面前对丈夫无理。

妈妈必须意识到这些问题都会影响到孩子，所以从现在开始，必须反省自己，改变自己，发现不一样的自己。

# 汉江奇迹不是传说

一个正在休学的高中学生曾经这样问我：

“小时候，希望得到肯定，所以非常容易受到别人的影响，而且我又是个完美主义、理想主义者，所以，经常会觉得自己做得不够好而自责，因为自己没有努力实现目标而感到不安。曾经为了进入好的学校而努力学习，但愿望实现后，愉悦的心情如昙花一现，取而代之的是莫名的空虚。我希望能像您一样，抛开凡世的一切，投身于历史、民族统一、环境保护、世界和平等事业，但是我却仍然感到迷惘。所以我想问，当初是怎样的意志让您开始现在的事业呢？”

听完这番话后，我就告诉他不要去关注别人的生活，要认真对待自己的人生。

我们不需要好奇别人的人生，而应该经常思考自己的人生。虽然把别人当做自己的努力目标未尝不可，但是这样容易陷入攀比的泥沼而不能自拔。在努力赶上别人的同时，也会因为“心有余，力不足”而自责。

不要把别人当做自己的标准，做自己想做的、应该做的事情，为了自己的目标而努力。世界上没有免费的午餐，外国人把韩国的发展称做汉江奇迹，但是对于韩国人来说，那并不是奇迹，而是拼搏努力的结果。

我们妄想不需要努力，学习就能进步，但是不努力又怎么会有收获？我们会因为喜欢或者现实需要去做一件事情。但是如果只愿意做自己喜欢的事情，可能会招来一些不能承受的后果。我们也许会放弃喜欢并且必须做的事情，而有些事情尽管麻烦却因为现实需要不得不做。

所以，为了上名牌大学，即使讨厌学习也必须努力，别无他法。如果不想学习，也可以，只不过那就必须放弃上名牌大学的梦想，没有其他的选择。不努力却想上名牌大学，这是心存侥幸，就如同钻火得冰，只是幻想的美梦而已。

我们不需要好奇别人的人生，而应该经常思考自己的人生。
虽然把别人当做自己的努力目标未尝不可，但是这样容易陷入攀比的泥沼而不能自拔。
在努力赶上别人的同时，也会因为“心有余，力不足”而自责。

向我咨询的这个学生，既然休学了，就不要想太多，应该轻松地放空自己，去尝试各种事情，不要有后顾之忧。利用休学的时间，尝试出去工作，如果觉得累了，那就重新回到学校。

付出了一百分的努力，最终却只收获了十分的成果，也应该感到欣慰。因为剩下的那九十分被储藏了起来，有时候努力的成果能百分之百地体现，并不一定是好事。

把自己的能力全部表现出来是不明智的。每个人都希望别人给自己的评价超越自身付出的努力。当你们对我慕名而来，但来了之后却发现名不副实时，你们就会很失望。自己的实力只要得到别人一半的认同便可，这样才能更好地维持社会关系。当能力超出对方的预料时，才能赢得对方的信任。

所以，我觉得很多人热衷于听我讲课，这可能是潜在的危险。大家本以为我是个不错的人，但几天后却发现我的脾气也很古怪，便会感到无比失望。希望有多大，失望就有多大。所以，在得到别人肯定的同时，就要做好不被认可的心理准备。

我们应该活得洒脱，虚伪最终都只会作茧自

缚。所以，“不患人之不已知，患不知人也”。这是一个积累的过程，要相信是金子总会发光的道理。

过于急躁容易造成自身的神经衰弱。因为别人的不理解而心生嫌恶，自己也会痛苦，还会自责自己无能，把生活复杂化。

不管结果怎样，我们都要以积极的姿态接受。并且要祈祷：“谢天谢地，这已经是超常发挥了。”

这样，就不会总是在意别人的看法，会活得很洒脱。

# 给孩子犯错的机会

曾经有位母亲因为28岁的女儿社会阅历不够，不敢接触社会而操心。女儿外表看上去很正常，但是在与人相处时却不够自信，妈妈很为她着急，问我应该怎样去帮助女儿。

孩子都28岁了，还不知如何与人相处，害怕接触社会的原因在哪里呢？这是因为在孩子青春期的时候，没有遭遇挫折的机会。

当初，觉得孩子很听话也很乖，没想到长大后却无法融入社会。

女儿现在这样，妈妈也不要着急，应该反思自己曾经的愚钝。自认为是为了孩子，最终却害了孩子。妈妈这样忏悔了，才能理解女儿，也不会暗自着急了。

在谴责别人之前，先反省一下自己。当然也不是让父母自责，如果总是因为当初的行为感到痛苦，这种消极的情绪同样会影响到女儿。能悔过自新就行，那么从现在开始就应该减少对女儿的干涉。

“你怎么成天待在家里？”

“化化妆，出去玩玩不好吗？”

不要这样一直催促孩子，偶尔和她聊一聊就可以了。

“想待在家里？”

“嗯。”

“我要出去，你和我一起出去吧？”

“我还是在家待着吧。”

如果女儿这样回答，那就尊重她的选择，让她待在家，或者让她参加修行，吸取心灵的养分。

女儿从小一个人长大，刚进入社会，还不懂得如何与人和谐相处。但若仅仅因为这样，就让她待在家里，她永远都不会处理人际关系。让她和一二十个人一起修行，参与到集体活动中，体会平日里和别人共同生活起居的感受，锻炼她自力更生的能力。

但是，父母也不用过于急躁地揠苗助长。现

在，很多学生上了大学后，还在上课外辅导班。孩子若是法律专业，司法考试的成绩会决定孩子能否成为法官，父母就觉得有必要上辅导班。

像这样，孩子被父母推着往前走，当自己独自面对社会时，就会不知所措。这些结果都是父母们那些所谓为了孩子的行为造成的。

即使孩子已经28岁了，培养她自力更生的能力仍然为时不晚。如果父母干涉过多，孩子就会感受到压力。

孩子因为过于孤独，对社会一无所知。所以，妈妈应该把自己的经验和体会告诉孩子，然后给孩子一些好的建议，让孩子慢慢地接触社会，结下新的因缘，帮助孩子培养自力更生的能力。

如果不想发生以上类似的事情，在孩子青春期的时候就不要过多干预。孩子想独立完成的事情，就让他自己去做。谈恋爱也没关系，谈过两三次，受过伤后，对异性也会有更多的了解。

初恋时，一味固执地坚持自己的想法。失败几次后就会明白，不能总是随心所欲、我行我素的道理。

这些经验，都是今后生活的良药。经历了，人才会长大。

明白这些道理后，就知道孩子听话不见得是好事。等到一定的年龄，孩子独立了，父母应该为此而感到高兴。

第三章

# 课业负担会压垮孩子

# 反思自己是否是一位合格的妈妈

近来，孩子因学习压力过重而导致心理疾病甚至自杀的事例很多。很多家长起初意识不到问题的严重性，仍然因为学习成绩不好而责骂孩子。看到孩子的不良行为，甚至极端行为时，却又后悔莫及。

不久前，一位妈妈带着孩子一起来找我。孩子在特目高[1]上高一，因为学业问题，患上了抑郁症，目前正在家中休学。

孩子看上去已经身心疲惫，妈妈却仍然急切地

---

① “特目高”就是以特色、特性化为目的举办的高中。目前韩国有 56 所这种高中，其中，有 29 所外语高中，18 所科学高中，2 所国际高中，6 所“自律型私立高中”。这些“特目高”的办学特点为：一是小班化，一个班 10 多名学生，外语均由原语言国家的“原住民”来讲授。二是允许一、二年级提前学完全部课程，允许提前毕业后升入大学或研究机构，如韩国科学院或浦项工业大学等。三是根据学生特性安排高水准的教学设施。

希望孩子赶紧恢复学业。这位妈妈问我，为了孩子可以尽快康复，她能做点什么。

我告诉她，让孩子休学三年。学业不是最重要的，只有健康地活着才能做到学业有成。我劝她让孩子休学时参与志愿者活动，做一些体力活儿，体会付出汗水的滋味儿。

我还劝诫她，为了孩子，她现在唯一能做的就是顺从于丈夫，并且每天行三百拜，做忏悔祈祷。

但是这位妈妈却嫌每天清晨五点起床行三百拜太累，问是否有其他更轻松的方法。

作为妈妈，有这种想法是不应该的。

我上高一的时候，来到寺庙里，母亲非常惊讶。她跟着我来到庙里，并且哭着和我的恩师争吵："至少也要等孩子高中毕业后再带他走，现在这样算什么？"恩师耐心地听完之后，便对我母亲说："阿弥陀佛，您可知道您孩子今后的命运如何？"

"不知道。"

"但是，我知道。您是把孩子托付给知晓他命运的人呢，还是让对他命运一无所知的人继续抚养呢？"

“当然是前者。”我母亲这样回答。

但是又问道：“孩子今后命运将如何？”

于是，师父便斩钉截铁地说：“孩子会夭折！”

听完后，母亲顿时瞠目结舌，流着泪说：“那儿子就交给师父了。”说完便头也不回地走了。这才是真正的母爱。

至今，只要说起母亲，我仍然热泪盈眶。哪位母亲舍得放弃正上高一的孩子呢？在我面前的这位母亲会放弃吗？她只会一把抓住孩子的领口把他拽回去。

当母亲听说自己的孩子将会夭折，不管是寺庙或者其他的地方，只要对孩子有利的事情，妈妈都愿意做。这才是母爱，为了孩子，甘愿放弃一切。

妈妈为了孩子，不要说行三百拜，哪怕是三千拜也应该毫无怨言。做三百拜的意义不在于你拜了多少拜，而是一种让妈妈为了孩子放低姿态，保持心态平和的方式。

为了孩子，不管是在丈夫还是其他任何人面前，都应该放低自己的姿态。如果妈妈只顾自己贪图安逸，是绝对做不到的。只有妈妈的心态改变，

“就算死，我也要对孩子负责到底。”
若妈妈有这样的牺牲精神，孩子会慢慢好起来的。

孩子才会彻底地改变。

如果妈妈的心态不对，孩子就很难康复。正上高一的孩子，因为忧郁症而休学在家，这个时候还不专心治疗，孩子一生就荒废了。问题如此严重，妈妈却觉得行三百拜是一件很困难的事情。在今后一到两年内，妈妈若能够虔诚地祈祷，孩子的病情会好转。但若逃避责任，把孩子送到医院接受治疗，孩子就很难康复。

“就算死，我也要对孩子负责到底。”若妈妈有这样的牺牲精神，孩子会慢慢好起来的。

让孩子吃好、穿好、学习好不一定就是合格的妈妈，大家应该好好思考自己的行为是否符合作为一位妈妈的标准。

## 家长≠父母

曾经有位母亲向我倾诉，孩子刚上小学一年级，一不高兴就变得特别有攻击性，说起话来也是口无遮拦，以至于她拿孩子一点办法都没有。

不久前，我在电视上看到这样的广告语“您是父母还是家长”。现在的很多父母忘记了自己作为父母的义务，仅仅扮演家长的角色，望子成龙的迫切心情从小就紧紧束缚着孩子。真正的父母应该为了孩子未来的幸福，愿意付自己的一切。

但是父母不仅没有这样的牺牲精神，反而把孩子当做满足自己虚荣心和欲望的工具。正因为这样，孩子才会出现心理问题。

小学一年级的孩子，正是天真烂漫的年纪。只是因为承受了太多的压力，才会经常情绪化而带有攻击性。这是因为孩子缺少父母温暖的怀抱。

孩子的这种问题说明妈妈也有压力，并且易怒。而这种现象的根源往往在于妻子对丈夫的不满，因为不满所以厌倦了生活，孩子调皮时也懒得耐心地哄孩子。

孩子对父母的行为非常敏感，父母幸福，孩子也会幸福；若父母闷闷不乐，孩子也会不快乐。父母有时候会避开孩子吵架，一两次可以瞒过孩子，但时间久了，孩子自然会感觉到家中尴尬的气氛。孩子对父母情绪的把握很迅速且很准确。因此，尽管父母避开孩子吵架，但孩子依然能感受到家中的冷清。其实，如果夫妻关系总体和睦，夫妻偶尔吵架并不会造成恶劣的影响。夫妻冷战反而会给孩子带来较大的精神负担。

因此，就算是为了孩子，妈妈也要尽力与丈夫和睦相处。可能有的妈妈会问："为何不对丈夫一视同仁呢？"

对于孩子来说，妈妈的影响远远大于爸爸，尤其是在小时候。可能妈妈会因为要承担更多的义务感到不公平，但是，正因为母爱的无私才让孩子对妈妈有了更强的依赖性。

孩子在妈妈温暖的怀抱里得到了精心的呵护，所以当他摔倒或受到惊吓时，通常会喊“妈妈”！而不喊“爸爸”！因为在孩子看来，妈妈时时刻刻都是他的守护神。

如果妈妈过于计较得失，抱怨不能随心所欲地做自己想做的事情，孩子无论如何都不会感觉到温暖的爱。

从前，母亲对孩子的爱都是无私的。尽管被农活、家务活压得喘不过气来，妈妈仍然把孩子放在第一位。哪怕自己挨饿，也要先把孩子喂饱，清晨还会打来井华水①为孩子祈祷。

孩子们感受到母亲这种不顾一切的牺牲精神，尽管物质上不宽裕也没有任何不满。艰辛的生活让她无比忙碌，但她仍然尽最大的努力照顾着孩子。有了这样的母亲，孩子才不会有任何抱怨。

从小失去爸爸的孩子如果能亲眼目睹妈妈为了抚养自己吃尽苦头，会有利于他的健康成长。尽管不能随时在身边照顾自己，但是孩子看到了妈妈的坚强，知道自己没有被妈妈抛弃。

让孩子感受到妈妈的爱，这才是最重要的。

---

① 后夜之井水。佛教认为后夜之井水尚未生虫，为清净之水。

## 特立独行也没关系

若孩子考试成绩中等，父母往往会有两种反应：

第一种，怎么说也是中等啊，比倒数强多了。

第二种，才考了中等，这样怎么能上大学啊?

如果批评多于表扬，孩子会渐渐地讨厌学习。

当孩子厌倦了学习，就让他休息一下，这样孩子对学习才不会有强烈的抵触心理。相反，如果总是责怪孩子成绩不好还贪玩，则会让孩子越来越讨厌学习。

曾经有位母亲因为上初中的儿子在考试期间不复习而担心，她觉得儿子没有明确的目标，一看到孩子不学习的样子就很难过。

这个孩子因为父母对自己过高的期望而对学习产生了抵触心理，学习对他来说是沉重的负担。

孩子自己知道应该学习，但却不喜欢被父母督促的感觉。

对待这样的孩子，父母要有所决断。

“不想学习对吧？妈妈也觉得上学没必要，学费又贵，正好你也不想上了，那就和我一起去农村种田吧。”

如果真的去种田，孩子会发生改变。不到一年，他自然会乖乖地请求妈妈让他学习。

真正的问题在于父母。要想正确地引导孩子，就必须做自我牺牲。但是大部分父母都做不到，只顾自己贪图安逸，把自己的意志强加给孩子。正因为这样，孩子才无法健康成长。

爸爸辞职一年，陪着孩子下乡种地，或者和孩子一起做义工、去旅行，走遍韩国，或者去国外看看。像这样，只需要让他吃几个月的苦，孩子就会有所改变。

但是，父母往往没有这样的勇气，他们没有做好自我牺牲的准备，这才是问题的关键。

父母没有勇气的原因是害怕选择一条别人没有走过的路。我们本应该亲自体会这个世界，而如今

我们本应该亲自体会这个世界，
而如今我们对自己的人生失去了控制力，
只是一味地随波逐流，就像被卷进洪水的垃圾。

我们对自己的人生失去了控制力，只是一味地随波逐流，就像被卷进洪水的垃圾。

上学、工作、买房、买车一切都是盲目跟随，从来不停下来问自己这样做的理由。

父母的生活都如此没有重心，但对孩子的要求却异常得多。孩子自然会像父母一样，生活没有目标，容易动摇。父母不认真反省，反而怪罪于孩子。

这时，应该是父母鼓起勇气的时候。

# 如实告诉孩子家庭情况

“女儿现在上初一，突然提出将来要专攻钢琴。家里经济条件并不富裕，无法承担专业训练的费用。作为父母，似乎不应该阻止孩子追求梦想，但是她也只是喜欢而已，在这方面并没有突出的才能。所以我现在很苦恼，是否应该让她去专业学习。”

正如这位母亲所说，孩子只是爱好钢琴，并没有过人的天赋，也就没有必要花几百万韩元让孩子接受专业训练。如果孩子实在喜欢，她可以自己练习，或者让她去上钢琴培训班。

“家里承担不起数百万韩元的专业学费，但是如果你喜欢，可以花时间多练习，也可以上培训班，爸爸妈妈帮你支付每月 10 万～ 20 万韩元的学费。如果以后仍然想学钢琴专业，那到时候也可以学。”

可以这样努力地试着和孩子沟通。虽然父母不该阻止孩子追求自己的梦想，但如果父母为孩子的付出超过了能力承受的范围，不管是对孩子还是对自身都是有百害而无一利的。

这大概是二十年前的事情了吧。一对农村夫妇来到首尔，经过一番努力后，丈夫成了公交车司机。这对夫妇都只是小学毕业，所以希望孩子能够接受更好的教育。于是，为了把孩子送到学费昂贵的私立小学读书，一家人过着拮据的生活。所幸孩子成绩不错，考上了著名的女子大学。但是，上大学期间女儿就像患上了自虐症，经常酗酒自残。

女儿开始依赖酒精，成天喝酒，最后精神彻底分裂，父母没有办法只能把女儿带到我这儿让我和她聊一聊。

私立小学的学生基本都出生在富裕的家庭，爸爸要么是律师，要么是医生，要么是公司总经理或者是公司的中高层领导，了解到同学们的家庭背景后，女儿感到很自卑。

当同学问她爸爸是做什么的时候，她只能谎称爸爸是搞物流运输的。

从小学开始，编造了12年谎言，所以无论如何也不敢邀请同学到家里来玩。为了在同学面前不过于寒碜，对衣着打扮的需求也很高，这样更加重了父母的负担。

好不容易进入大学后，去朋友家玩时发现朋友的父母都是海归，不禁想到自己的父母只有小学文化，又产生了自卑感。

女儿当时跟我说 :“我成功后，虽然有能力改变一切，但却无法改变自己的父母。”

父母为女儿做出了很大牺牲，但长大后的女儿却不懂事，经常发脾气，伤透了父母的心。

女儿上大学后，便开始和同学一起喝酒。某一天喝醉了，早晨醒来时，发现在自己家中。于是，她问妈妈自己是怎么回家的，妈妈告诉她是朋友把她送回来的。朋友送她回家，意味着朋友们看到了自己家中的状况，于是一切谎言全都被揭穿了。在那一瞬间，女儿受到了沉重的打击。不想去学校，只要一喝酒就像精神失常了一样，甚至还想自杀。

父母为了给孩子提供和其他孩子一样的生活条件，付出了艰辛的努力，但结果却毁了孩子的一生。很多父母认为，为了满足孩子的要求，提供超出自己能力范围的生活就是对孩子的爱，否则就是不尽责。为了孩子，在家庭并不富裕的情况下，就算是欠债也要努力给孩子提供更好的物质条件。但是，父母必须知道这样做的结果只会摧毁自己和孩子的人生。

如果父母失业了，那就要告诉孩子家里的困难，让孩子节约零花钱和父母一起渡过难关，而不应该独自承受沉重的负担。

如果自家的店铺经营状况不好，那就让孩子到店里帮忙。父母不和孩子沟通，瞒着孩子拼命干活干到深夜，这样孩子只会埋怨父母不陪在自己身边。这时候让孩子给父母帮忙才是最好的做法。

很多父母怕孩子知道家境困难后会伤心，所以故意瞒着孩子。但是，若事后知道了，反而会给孩子造成打击。孩子上初中后就应该懂得父母的难处并要和父母分担，这样才不会因为贫困感到羞耻。

和孩子一起克服困难，会让孩子更早地懂事，家中的困难促进了孩子的成长。如果父母无法坚强地面对贫困，孩子自然会因为贫困感到羞耻。

所以，父母坚强很重要。学钢琴不一定非要接受专业训练，如果孩子真的很想进行专业训练，不管用什么办法解决，就算去帮老师家干活，她都会自己去争取机会。

不阻止孩子的梦想，同时跟孩子说明经济实力达不到的真实情况，孩子自己也会想办法。可以把钢琴作为业余爱好学习，或者通过勤学苦练，凭借自己的实力考上音乐学院。

这位母亲陷入了误区，以为只要孩子想学，哪怕是倾家荡产也应该让她学。但是孩子并没有过人的天赋，根本没有这个必要。孩子才上初一，说不定到了初二、初三或者高中的时候，想法就会改变。

如果因为经济实力不够而坚决不让孩子学，孩子就会退缩；但如果不顾经济条件让孩子学，又会增加父母的负担。而且父母对孩子寄予的希望越大，不满就会越多，甚至会因此责怪孩子："我们为你付出了这么多，你还不认真学！"

这种情况，最需要父母和孩子充分沟通，认真听取孩子的想法，让孩子了解家庭情况，和孩子一起作最后的决定。

## 珍惜眼前拥有的幸福

不久前，曾经有一位母亲因为儿子考砸了而伤心，来向我倾诉："儿子上初一，自从知道期中考试成绩后，我和他都是心事重重，吃饭也是食之无味。我儿子有点敏感，并且有完美主义倾向。听说昨天的体育考试中，他一向擅长的跳绳竟然得了零分。我想他可能是过于紧张了，所以我想请教法师如何才能让孩子和我活得更轻松。"

我问她孩子期中考试考了第几名，得知是班上的第八名。既然是全班第八名，那妈妈和儿子怎么还会不开心呢？

"考得很好啊，儿子！你已经是中等偏上的水平啦！"如果妈妈这样拍着孩子的肩膀鼓励孩子，那么妈妈和孩子都不会有心理负担。相反，如果对孩子取得的成绩不满意，那么不光是孩子会感到疲惫，妈妈也会觉得累。妈妈不用说出来，通过表情孩子就能看出妈妈的不满。孩子会因为过于在意考试成绩而有心理负担，妈妈在看到成绩的那一刻也很难控制自己的情绪和表情。

孩子平时擅长跳绳，但是考试的时候却因为过于紧张一个都跳不出来，这说明孩子已经非常敏感了。妈妈越是责怪孩子考得不好，孩子的心理负担就越重，考试时即使会解的题目也容易出错。

“三十五名学生中考第八名，已经进了班级的前25%了，那些排名落后于你的学生可怎么办啊？”像这样，不要太看重孩子的成绩，鼓励孩子才是最好的方法。

很多父母认为孩子学习好是必须的，这样我就不由得为那些学习不好的孩子担心。第五名虽不如第一名，但是比起第十名却好一些；第十名比班级倒数好得多；班级倒数总比不愿意上学强一些；仅仅是不愿意上学又好过在外面惹是生非。

当我们遭遇更大的不幸时才会珍惜眼前的幸福，也才会明白拥有才是真正幸福的道理。

上面说的这个孩子对学习产生了被迫心理，严

当我们遭遇更大的不幸时才会珍惜眼前的幸福，
也才会明白拥有才是真正幸福的道理。

重的话可能会导致精神失常。这时候，为了孩子，妈妈应该泰然自若，冷静地处理。

孩子如果学习到深夜，就告诉他成绩也不能当饭吃，让他早点休息。如果非要学习到很晚，就告诉他睡眠不足反而会发挥失常，晚上好好睡一觉，第二天好好发挥就可以了。尽管妈妈一再嘱咐他早点休息，孩子还是会关上门，悄悄在房间学习。

我上小学的时候，家里还用着煤油灯，十升煤油需要维持一年。因为要节约用油，晚上必须赶快写完作业，熄灯睡觉。

所以，如果晚上想看书，我就想办法用毯子挡住灯光，防止光从门缝儿漏出。父亲催我睡觉，我嘴上应着，然后继续看书学习。

有时候，父亲看到我放学回家后仍然在学习，就拿起棍子教训我："学习有饭吃还是有钱拿！赶紧出去割草！"于是，我就挎着篮子上山，瞒着爸爸在山里继续学习。

虽然我也讨厌考试、讨厌学习，但因为父母的阻止，反而更加珍惜学习的机会。

孩子的求知欲是在自我需求的力量下自发产生的。但是，父母却在孩子的求知欲产生之前过度地督促孩子，使孩子厌倦了学习。所以，要解开症结，父母必须从自身做起。

# 让孩子在信任中成长

我曾经给一个孩子当过家教，他的父母花了高额费用为他每一门功课都请了家教。我因为没有时间曾经拒绝他们的邀请，但是后来在他们的强烈要求之下，我还是去了。孩子是高考落榜的复读生，我辅导了他一两个月，仍不见他的学习积极性有任何提高。

父母都忙着各自的事情，他们自认为花钱给孩子请家教就是关心孩子、支持孩子。尽管家境富裕，但孩子却没有一点求知欲望，还成天一副苦大仇深的表情。

看着没有丝毫学习积极性，干坐着发呆的学生，我决定收起书本，晚上和他去爬北汉山。

晚上八点开始爬，十一点到达山顶。下山的时候，我不小心扭到了脚，无法继续步行下山。

无奈之下，孩子只能一会儿背我一会儿搀扶我，走走歇歇，好不容易才下了山。那时，已经是凌晨四点。孩子为了搀扶我下山也已经筋疲力尽。

但是，从那以后，这个孩子彻底改变了。原本没有朝气甚至目光呆滞的孩子，眼睛变得炯炯有神，整个人也有了活力，并且有了学习的积极性。

心态一旦改变，就能集中精力学习。最终他通过自己的努力考上了理想中的大学，孩子的父母对我非常感激。

孩子的学习不仅仅靠督促，还需要刺激，为他提供动力，让他吃点儿苦，或者经历一次艰辛的旅行，让他体验自己克服困难的感觉。

为此，父母必须牺牲时间和精力，只是责骂孩子或者找家教并不能解决问题。比这些更重要的是，让孩子在最艰难的时候产生求生欲望和克服困难的勇气。

没有渴望和动力的孩子缺乏自信，孩子必须有自己的精神世界，如果只是按照别人的意志活着，孩子就会失去自己内心的灵魂。

这便是父母把孩子当成自己的玩偶，把自己的意志强加给孩子的结果。

自己克服困难的过程能够让孩子成长。这一点，从苏迦达学院（Sujata Academy）[①] 的学生身上就可以看出来。

在印度的贫民窟，父母没有能力让孩子接受正规教育，设立在贫民窟内的苏迦达学院便承担起为这些孩子提供教育的责任。

贫民窟的孩子，一般小学毕业后便出去打工，只有极少数的同学主动要求设立初中让他们继续学习。于是，我提议："如果在你们的村子里办一个幼儿园，你们愿意当幼儿园老师，照顾小孩子吗？"

"愿意！"孩子们都异口同声地答应了，并且决定上午当幼儿教师，下午学习初中课程。

一年后，还只是初中生的孩子们好像一下子长大了。小学六年级时还是小毛孩儿，才上初中一年就突然变得懂事很多。

仅仅一年幼儿教师的经历，就能让这些孩子发

① 创办于1994年，是由智光大师领导的韩国佛教组织JTS (Join Together Society) 专为印度平民创办的学校，位于印度东北部的比哈尔邦敦杰斯瓦利。

本是充满活力和好奇心的年纪，孩子却每天无精打采，这主要是父母的责任。应该培养孩子的责任心，让他们自己克服困难、独立成长。

生翻天覆地的变化。因为需要监督幼儿园小朋友洗手，他们自己的卫生状况也得到了改善。

十七个村子的幼儿园，共有小朋友一千八百余名，村子里的一百名初中生则是所有幼儿园的全部师资力量。包括点名、课间加餐等一切工作都能井然有序地进行。升入高中后，他们还继续教一年级学生；考入大学后便开始给小学高年级和初中的学生上课。所以，尽管这里没有一名持有教师资格证的正规老师，学校仍然能够正常运转。

印度不重视出勤率，但进入初中和高中前的升学考试却很重要。公办学校的学生只有一两名学生能达到一级，而我们学校的学生大部分都能取得一级的好成绩。

小学阶段，韩国学生明显比印度学生要聪明；上了初中后，虽然韩国学生的成绩仍然比印度学生好，但印度学生更加独立，能够做到自力更生；到了高中和大学时，韩国学生仍然是小孩子，但是印度学生不仅可以主导自己的人生，还能够帮助别人。

充分地信任孩子，并且让他有所担当，孩子一定会有改变。

# 自认为“善良”的可怕想法

“我和丈夫看书的时候，孩子要么无所事事地在一旁待着，要么就看漫画书。我们夫妻和睦，也从不恐吓孩子，希望他长大成才，但却不知道如何是好。”这位母亲因为孩子不学习而只看漫画书而担心。

父母不能因为这个原因责怪孩子。孩子不会考虑到自己的未来，对能给他带来更多欢乐的漫画书当然是情有独钟。和孩子好好沟通才是解决问题的最好方法。

“爸爸妈妈觉得，现在觉得好的东西，以后不一定对你好。你现在觉得看漫画比学习更有意思吧？但是就像好吃的吃多了之后便会肚子痛一样，如果现在光看漫画书，以后你的思维就会不够开阔，变得不会思考。”

这样的道理只有具有一定人生阅历的父母才知道，孩子还不懂得未来的意义。如果父母因为孩子不学习而责骂他，最终只会让孩子越来越讨厌学习。因此，解决问题的关键是沟通而不是责骂。

此外，尽管妈妈非常自信地认为夫妻关系和谐，但这也许只是一种错觉。夫妻关系再和谐，难免会有一些小摩擦。

这位妈妈说“夫妻关系和谐”的言外之意就是：自己和丈夫读书时学习成绩不错，关系也很好，孩子怎么会这样子呢?

听了这位妈妈的话，我不禁想起在美国讲经时，有一位前来修行的妇人。她结婚已经有 17 年，一来到修行的地方，便开始为家中的一切担忧。

“我不在的时候，丈夫饭吃不好，也不会照顾孩子，估计没办法出门上班。”

“您请放心吧，不会不方便的，说不定丈夫还因为您不在沾沾自喜呢。”

“您是不知道，我丈夫啊，没有我，根本没办法活下去的。”

于是，她便开始跟我讲丈夫对自己有多依赖。

“没有我，他连衣服都不会穿。早晨，我帮他穿袜子、穿衬衫、打领带，他吃完早饭便穿着内衣坐着，等我洗完碗筷帮他穿戴整齐后，他才出门。尽管这样，我从来不跟他啰嗦抱怨。”

但是，丈夫送她过来，临走时对我说：“大师，在这待上几天，她是否就能变得正常一点儿？”

丈夫与妻子的想法大相径庭，丈夫是希望妻子能够改变才把送她来修行。

但是这位妇人却始终执迷不悟，无法逾越自身的屏障。经过五天的修行，本应该悔过，但她却没有任何起色。而其他人经过磨炼之后，皆有所改变。

一直自认为很完美的她看到一起修行的人心态都有所改观，自己却一成不变，她才开始反思自身的问题。

“我是不是真的有点儿固执啊？”

“您自己是怎么知道的呢？”

“看到别人的变化我便想到了自己。”

一两个月之后，这位妇人的姐姐打来电话说：“我妹妹真的和以前不一样了，您是怎么做到的？”

妇人回家后，有了很大变化，丈夫也感到很高兴，于是他也参加了第二批的修行。修行过程中，他向我倾诉了妻子曾经让他很恼火的事情。

“衣着方面，我喜欢朴素大方、简单自然，但妻子却异常挑剔。西装、衬衫、领带必须配套，有时候甚至连穿的袜子和皮鞋都要管。因为这些，我感到很压抑、很恼火。妻子在打理家务、照顾孩子等方面都很细致，无可挑剔，但惟独这一点成为我们经常吵架的原因。我的穿着有一点不合她的心意，她就喋喋不休，最后还让我必须全部脱掉，从头换到脚。以前经常因为这事吵架，后来我干脆不穿，坐在那里等着她拿给我穿。有时，我有急事要出门，她也会拉着我让我换领带、换衬衫，每当这时我都想把衣服都扔到地上，用脚踩得稀巴烂。”

我也知道，妻子的行为也无可厚非，只是因为她是个善良贤惠的女子。但有时候我们对自己的错误可能一无所知。尽管认为夫妻关系和谐，但却有可能隐藏着一些问题。

自认为善良的想法是非常可怕的，世界上最可怕的女人便是善良的女人。我经常告诫男人要对善良的女人有所提防。善良的女人从小就到处受表扬，所以往往意识不到或者无法想象自己的过失。

或许在那位来倾诉的妈妈看来，孩子没有遗传父母爱学习的精神。但事实上可能家庭环境对孩子产生了影响。妈妈误解了“孩子像父母”的含义，才会产生孩子不像父母的错误想法。就算父母小时候学习再好，但是孩子并没有看到父母认真学习的样子。孩子从出生到现在，他所能看到、听到、感觉到的家庭环境才是影响他的重要因素。

这位母亲应该先自我反省，觉悟出问题的原因所在，最后才能解决孩子的问题。

# 勇敢接受孩子确实存在的问题

“二儿子今年上高一，三月份入学[1]后因为不适应，和班主任产生过矛盾。带他去神经精神科检查后，被诊断为儿童多动症。班主任建议我们把孩子送到特殊学校就读，但是医生说如果服用合适的药物一个月就会好转，孩子可以继续在现在的学校上学。由于和班主任老师的看法有差异，所以就变得难以沟通。不过，高一年级组长同意让孩子再上一学期试试看。两个月后，孩子的状况改善了很多，但惟独在班主任面前还会有多动症症状。班主任向校长反映后，建议让孩子休学一年。我们应该怎么做呢？”

其实，这位妈妈对班主任有些不满，认为他对

① 韩国一学年分两个学期，第一学期从三月份开始，第二学期从九月份开始。

自己的孩子有偏见。但是，班主任要管理整个班级，需要全局观念，不可能只顾及一个学生的感受。

老师教育学生，如果有学生和他顶嘴，老师会觉得很没有面子，就很难在学生面前树立自己的威信。所以，父母应该理解老师，不能片面地认为是老师的错。勇敢地接受孩子确实存在问题的现实，消除内心对老师的不满。

父母应该弄清楚引发孩子多动症的根本原因，首先确认是否有遗传因素，若没有那就回忆一下自己是否有愤怒到情绪失控的时候。

父母糟糕的心情和消极的心态就像一颗定时炸弹，对孩子的消极影响也会在青春期暴露出来。

哪怕躲入深山老林都无法回避因缘果报。种下的恶因在孩子青春期时结出了恶果，父母常常会把孩子的朋友、老师等当作挡箭牌，推脱自己的责任。如果结婚后问题才得以暴露，父母则会埋怨孩子的另一半，或者孩子的祖父母家。虽然父母都会这样想，但问题的本质却不是这样。

看到孩子的现状，就应该反思自己在照顾孩子时，是否对丈夫有过不满情绪。如果是这样，那就应该首先对自己当初的行为进行反省忏悔，并对孩子有一颗宽容的心。

自己当初的行为不仅让孩子受苦，还拖累了孩子的老师，妈妈应该真心实意地向老师道歉，这样老师无论如何都会理解妈妈的一片苦心。但这位妈妈忽视了班主任的感受，自然也引起了班主任的反感。

只站在自己的立场考虑问题，自然会对对方的言行感到不舒服。但若能换位思考，便可以理解对方的感受。妈妈在孩子开学的前一个星期，认真地反省并深刻地忏悔，然后去向班主任赔礼道歉，恳求让自己的孩子继续上学。如果班主任仍然不同意，那就接受事实，千万不可再埋怨班主任。

如果班主任把休学时间缩短为六个月，妈妈应该好好珍惜这个机会。利用这段时间，不仅自己可以虔诚地祈祷，孩子也可以接受治疗。如果孩子能够彻底恢复，反而更应该向班主任表示感谢。

不要老是让自己被孩子休学的事情所困扰，不管结果怎样，都应该把它当成一次机会。

父母糟糕的心情和消极的心态就像一颗定时炸弹，对孩子的消极影响也会在青春期暴露出来。

哪怕躲入深山老林都无法回避因缘果报。

从现在开始尽最大的努力认真地祈祷，即使休学一年也没有关系，利用孩子休学的机会，心平气和地解开所有的郁结。

# 过分袒护会宠坏孩子

"孩子上初二，在家里很乖，但是在学校却一点都不听话，经常和老师顶嘴，上课的时候不光捣乱还擅自外出。随便使唤同学，还会出手打不听使唤的同学。我是应该将其看作青春期的正常表现，还是应该好好教育他呢？"

孩子受到过分的袒护，在家中还说得过去，但是这样的孩子一旦走出家门便会伤害他人。

如果父母仍然没有意识到问题的严重性，继续放任自流，必然会造成连父母都无法挽回的严重后果。所以，必须把孩子的不良行为扼杀在萌芽状态。

这对夫妇对孩子过于溺爱，平时根本不舍得责怪孩子。所以如果突然责骂他，反而会导致他更加叛逆，成为连父母话都不听的逆子。这对夫妇的教育方法从一开始就是错误的。

现在应该怎么办呢？首先父母要检讨自己错误的教育方法，并且每天反省忏悔：“没有正确地教育孩子是我们的错，没能在孩子面前以身作则也是我们的错。”

此外，父母最好能利用假期，带着孩子去印度体验一次背包旅行。背着背包等三四个小时的火车，在便宜的餐馆吃饭，不管去哪里都尽量步行。这样的旅行必须持续一个月以上，一家人一起吃苦受累。但是，如果父母贪图安逸而选择轻松的方法去更好的去处，就无法纠正孩子的恶习。

孩子和父母一起挨饿，经历苦难，目睹贫困的生活，克服困难以后，会立刻有所改变。

要做到这一点，父母必须经得起苦难。看到孩子疲惫的样子，绝对不能心软，必须冷静地帮助孩子改邪归正。这个时候需要的是冷静的爱，而不是溺爱。

经受一个多月的磨练回来后，必须严格地对待孩子。如果他在外面欺负别人，回家后要坚决让其改正。让其改正不是打骂孩子，而是不再听他撒娇，不再袒护他。

孩子上了初中后，应该将其视为成年人对待。饭后洗碗、收拾房间，都是这个年龄的孩子可以自己做的事情。孩子上小学，爸爸换日光灯管时，让孩子扶着凳子，这才是应有的小学教育。孩子只是英语说得好，并不一定是成功的教育。在美国纽约，乞丐也会讲英语，可仍旧是个乞丐。

孩子在学校不听话，老师也没有办法。如今，学校教育不成功的根本原因在于家庭教育的失败。老师会责骂学生，也会因为对学生的爱而原谅学生。但老师也只是一般的工薪阶层，万一孩子向妈妈和校长告状，这样对自己也不利，所以老师一般都会掌握分寸，适可而止。只有父母尊重老师，孩子也才会尊敬老师。如果把老师当作下人对待，孩子也就不会尊重老师。

千万不能把孩子的不良行为当作过眼云烟，为了孩子的未来，这个时候若能及时纠正还为时未晚。

# 理解别人是一种幸福

“儿子自从今年从职业高中[①]转学到了普通高中后就一直麻烦不断。听课像听天书，他认为是在浪费时间。在学校也没有存在感，自暴自弃，经常无故缺席、迟到，上课开小差。现在甚至把房门堵上，不让任何人进去。我应该如何帮助孩子走出现在的阴影？”

这位母亲面对不想上学的孩子无可奈何，只能找我倾诉。

就像结婚后的女人有时候会希望丈夫多理解自己一点，孩子在面对困难时，也希望妈妈能够更加理解自己。

但是妈妈往往不去试着理解孩子，反而因为不

① 以学习某种专业技能为目标的高中，比如，旅游专门高中，航空专门高中，等等。

上学而责怪孩子，觉得上学是理所当然的事情，根本不会有任何困难。正因为这样，孩子才会日益排斥妈妈，不愿意和妈妈分享自己的痛苦。

同样的孩子，同样的条件下，妈妈如果能够稍微体谅一下学习给孩子带来的烦恼，孩子会欣慰、轻松不少，妈妈自己也会心情舒畅。

看到孩子现在的状态，妈妈应该先审视一下自己。看看自己是否有过和丈夫耍性子，提出无理要求或者因为丈夫不听话而要离家出走甚至寻死觅活的经历。如果妈妈能够反思自己当初的行为，就能够理解孩子。

“虽然我自认为有道理，但是在丈夫看来，我简直是个无理取闹的泼妇。看着孩子现在的样子，再想想曾经的自己，丈夫那个时候一定因为我吃了不少苦头。”

面对自己的过去，如果能够这样真心实意地忏悔，曾经的伤疤也不会再隐隐作痛。只有自己改变了，孩子才可能对妈妈感恩。否则，就不要期望孩子有什么大的变化。

妈妈进行反省忏悔，祈祷时往往希望孩子也能

"理解别人是一种幸福，无法理解别人则是自己的痛苦。"
但是，父母无法理解孩子，却奢望得到孩子的理解。
因此，父母和孩子都会痛苦。

对自己表示忏悔。但是孩子还小，不能做到。回想过去，若自己曾经对丈夫有所期待，那就应该更加努力地理解孩子。

对于孩子不想上学这件事情，应该重新思考。毕竟不想上学比在学校里和同学斗殴、骚扰女同学或者骗同学的钱这些有损他人的行为要好得多。

完全想通这些道理以后，和孩子充分地交流，然后和老师商量让孩子休学一学期或者一年，或者在学校允许的时间范围内陪孩子一起出去旅游。

同时，也要和丈夫商量，千万不要自作主张、固执己见，应该想办法尽量说服丈夫。

不要再去考虑孩子学习的事情，这个时候逼着孩子学习，万一发生不测，只会让父母后悔莫及。虽然以目前来说，学习可能是最重要的事情，但是在孩子的一生中却并非如此。

与其让孩子的这种状态持续下去，等进入大学后休学甚至遭遇其他的挫折，还不如现在就将他治愈。

这位妈妈告诉我说："孩子不想上课了就到海边散步，然后回家。放假的时候需要补课，他也不去，老师就建议让孩子回家休息。那时候，孩子真的好幸福，只要离开学校就觉得很开心。”

从妈妈的话中可以知道，孩子有多讨厌学校。所以，不要再强迫孩子去学校。“反正都是要上学，你只要去学校哪怕在学校玩也行。”如果这么跟他讲，孩子反而可能会乖乖地去学校。

如果孩子还是不愿意，那就让他休学一年。在家里，想学习就学习，想玩就玩。

事情到了这种地步，就不要再为孩子不上学而感到可惜。最重要的是孩子的心理健康，而不是强迫他去上学。

学习可以一两年甚至三年后重新再来，如果仍然不行那就彻底放弃。只要孩子一切正常，那么走完自己的人生就不会有任何障碍，心理健康才是学习的基本保证。

休学期间，如果孩子想做什么，那就让他自己打工赚钱。去餐厅当服务员或者去购物中心当售货员都可以，总之让孩子做自己想做的事情。

不管怎样，最好让孩子独立自主起来。“我是个失败者”，“我什么都做不好”这样的消极想法是孩子内心最大的障碍。

这样的想法充斥着孩子的心灵，如果仍然憋在家里，只会让他更加没有动力和自信。通过旅行或者其他未曾尝试过的经历，帮助他摆脱消极的情绪。为了让孩子重新振作起来，父母需要做出明智的选择。

# 一切如愿不等于幸福

“儿子正在实业高中[1]的升学班上高二，是住校生。他曾经和我讲过因为学校的内申成绩[2]感到有压力，我当时训斥他，要是拿不到学校的内申等级怎么办？期中考试时，孩子没有去学校也没有回家。从上学到现在，孩子还没出现过什么问题，所以现在这样我很担心。”

父母不能理解孩子，并且总是不管青红皂白就责怪孩子，然后很快又开始后悔。世上不是所有事情都能如愿，并且有时候如愿以偿并不一定都是好事。

所有的父母都希望自己的孩子成绩优秀，学习

① 类似于国内的职业高中。

② 高中出具的记录学生每学期在学习、体能、思想、出勤等各方面表现的成绩单，作为大学入学录取的参考之一。

好的孩子难道还会有人讨厌吗？但是，父母也不会因为学习差而抛弃孩子，就像妻子也总希望丈夫能挣钱，并且一心一意地对待自己，但是妻子也不会因为赚钱少而轻易和丈夫离婚一样。

一切如愿当然是好事，但现实却并不总是称心如意。“万事如意”也只是幻想和常人的希望而已。是为那些不现实的幻想而纠结，还是不计得失幸福地生活，这是人生的选择。

不能如愿，生活就会变得痛苦吗？其实不然。不快乐的缘由在于人们的欲望，如果能抛开欲望，就能看淡一切。如愿也好，不如愿也罢，即使愿望不能实现也不要痛苦。

其实并不是万事如意就一定会幸福，山珍海味也不一定能让人觉得享受。如果饿上三天，哪怕是吃白饭就泡菜也一样会很满足。桌子上摆着十样菜，但心中却有更高的标准，这样必然得不到满足；相反，如果觉得有菜吃就不错，那么哪怕桌子上只有三个菜，心中也会很满足。因此，满足并不是一个固定的数字。

二三十年前，那时候的条件远不如现在，但是

是为那些不现实的幻想而纠结，还是不计得失幸福地生活，这是人生的选择。

那个时候人们的生活中却充满了快乐和希望。如今的人，尽管拥有很优越的生活条件，但是却始终不满足，活得更加痛苦，对生活失去了憧憬。这是因为人们的期待越来越高，欲望越来越多。

因此，如果想满足自己永无止境的欲望，那就永远得不到幸福。欲望本身不是坏事，但如果无节制地追求欲望，那就绝对不会幸福。节制不是指刻意压抑，而是要坦然接受不能如愿的事实。

孩子向妈妈倾诉内申成绩的压力，说明他的内心非常烦躁。妈妈不但没有理解他、鼓励他，反而责怪他，这让孩子如何安心学习？

本该拍着孩子的肩膀鼓励他说："不用担心，学习又不是人生的全部。"但却在孩子向妈妈倾诉时，无情地伤害孩子，这和把孩子赶出家门没什么区别。

尽管很多妈妈会背着孩子说孩子不懂事、学习不用功，但是没有哪位妈妈会因为对孩子的表现不满意而讨厌孩子。

对孩子充满欲望，就很难表达慈爱之心，这导致了孩子失去自由空间，并开始逃避生活。所幸，儿子仅仅是离家出走，没有其他更加极端的行为，否则妈妈会追悔莫及。所以，请妈妈从现在开始一心一意地做百日祈祷吧。

“我愚蠢地把孩子推进了火坑，现在我为我不理智的行为而忏悔。”

在这样深深忏悔的同时，要帮助穷人，布施积德，且不求回报、不留名、不言语，这样对孩子也有好处。

# 揠苗助长，后患无穷

有一名大一的学生，为了进入士官学校，休学在家准备考试。但是在今后的人生道路规划方面和父母有了分歧，于是患上了严重的抑郁症。在接受治疗期间，这位学生到我这里来倾诉。

“尽管自己想学习或者做点儿什么，但整个人总是有气无力，无精打采。我担心自己像高三的时候那样变成书呆子，心中的恐惧让我经常失眠。现在一看到父母或者看到和妈妈性格相似的人心里就开始紧张，不舒服。”

既然一看书就感到烦躁，那还勉强自己干什么呢？即使是自己喜欢的事情，做起来也是枯燥无味。如果学习让你感到忧郁，而且看不到希望，那就该立刻停止。既然想要幸福地生活，那就不要再做这种愚蠢的事情。

如果对别人不利，自己再喜欢的事情也不要做；如果能够有利于他人，即使自己不情愿也要做好。

是否能考取士官学校并不重要，自己这么痛苦，还有争取的必要吗？如果自己的意志很坚定，为了进入士官学校，哪怕累一点也没关系，那么父母反对也没有用。

但是如果自己一想到这个问题就烦躁，看不到希望，那就千万不要再继续走这条路。三百六十行，行行出状元，即使不上士官学校，将来也有很多工作能够满足自己的生活。现在勉强自己，即使以后进入了士官学校，如果患上抑郁症或者其他的精神疾患，那不仅自己痛苦还会拖累了父母。

如果自己能够乐在其中，不怕苦不怕累，那就去做；但如果心有余而力不足，那就放弃吧，去寻找更加有趣的事情。

父母为孩子打开梦想的大门固然是好事，但如果以自己的标准要求孩子，则不利于孩子成长。

如果孩子从小对给别人治病感兴趣，那父母可以认为孩子将来可能成为医生。

但是，事实上是一旦孩子学习成绩不错，父母就会要求孩子将来从政或者成为律师。

父母忽视了孩子的人生目标、兴趣和特长，仅仅把工资高低当作评价职业的标准。正因为社会上把职业作为挣钱手段的普遍观念，才会出现过度治疗、贪污腐败的现象。

律师专门帮助穷人打官司是很难赚到钱的，但如果帮助大企业逃税漏税，那就能从中分得一杯美羹，获得几百亿韩元的收入。

若仅仅因为对金钱的追求，选择自己的职业，利欲熏心，把社会搞得乌烟瘴气。社会之所以越来越混乱，不是因为人们贫困、无知，而是因为那些头脑灵活的人不走正道。

从前，不是每个人都能上小学，所以只要小学毕业便能当老师。当教育能够普及到小学时，初中毕业生便可做老师，教育普及到初中时，商业高中和工业高中毕业生就可以出类拔萃。当教育普及至高中时，只有大学生才能出人头地。如今 87% 的人都是大学毕业，但素质却远远不如以前小学生的水平。于是，很多人便选择出国留学，但是如今的海归也遍地都是，回国后也只能待业，成为“海带”。

高学历并不能代表一切，如果所有父母都希望孩子成为医生或律师，全国一半是律师一半是医生，那么对于国家和个人都不是一件好事。只是为了追求这样一个不现实的目标，天天逼着孩子学习，孩子因此所承受的压力是父母无法想象的。并且孩子也会因此失去想象力和创造力，解决问题的能力也会降低。

完全按照妈妈的意志生活的孩子，十个里面最多只有一到两个能够幸福地生活。绝大部分的孩子，不仅不能达到妈妈所期待的要求，而且会产生抵触心理。孩子失去主体意识、找不到人生的重心时，会怪罪于妈妈，不会自我反省，也会不努力。最终，孩子会成为妈妈沉重的负担。

当然，也不是让孩子肆无忌惮地贪玩，而是妈妈不应该把自己的意志强加给孩子。说实话，难道我们每个人都爱学习吗？十个人中，天生爱学习的可能只有一两人吧。普通人知书达理即可，只有研究型人才需要深入地学习。

明智的父母会鼓励孩子按照自己的兴趣爱好做力所能及的事。孩子二十多岁的时候，应该让他尝试各种工作，遭遇挫折，让他找到属于自己的幸福。

仅仅因为丰厚的薪资而去压力很大的大型企业或者证券公司上班，哪怕一个月挣一千万，也不会幸福。股价下跌，股民抗议的时候，为了补救，不得不拆东墙补西墙，这样还会开心吗？即使成为高级白领，但若天天想着辞职，做这样的工作还会觉得幸福吗？父母只看到表面的光鲜，却看不到孩子内心的挣扎。

我们没有权力对果农或种地的农民朴素的生活妄加评论。每天看到美丽的星空，呼吸新鲜的空气，就算吃穿简单，这样的生活也很享受。如果选择这种生活方式，可能会更加幸福。不能光靠事物的表面来评价别人的幸福。

赶鸭子上架，父母和孩子都会痛苦。所以，做什么并不重要，重要的是自力更生、知足常乐。父母能够为孩子做的，就是给孩子灌输这样的人生观、价值观。

# 给自己内心更多空间

"孩子现在正上高三，面临高考。最近他变得特别急躁和敏感。我知道这个时候对孩子要处处小心，但却不知道如何帮助他。"有很多父母都有这样的烦恼。

孩子到了高三，会经受残酷的心理考验，这种现象被称为"高三综合征"。把大学的好坏当成衡量人生成败的标准，孩子心中的烦躁与不安是有口难言。再加上目前这种一考定终身的考试制度，孩子内心的紧张就更不用说了。那么父母到底能为如此痛苦的孩子做点什么呢？父母总希望自己在学业方面能够帮孩子一把，但是学习毕竟是孩子自己的事情，父母能为他做的事情微乎其微。

高三孩子一般都是十七到十九岁不等，初中到高中阶段，孩子正值青春期，是即将长大成人的时候。

过去，一旦身体发育成熟，父母会安排孩子结婚成家。他们不再是生理成熟的孩子，而是心智成熟的大人。所以，以前的青少年根本不会像现在这样，在青春期遇到很多麻烦。

如今，尽管身体发育成熟，但却仍然被当成小孩看待，作为父母，必须首先理解这一点给孩子带来的烦恼。

理解孩子有两种方法：其一，回忆自己小时候曾经的经历以及当时自己的心理，会发现其实当时自己同样有类似的烦恼，便会理解孩子经历这样的苦恼是在所难免的。

其二，要明白自己当时的生活环境和现在是大相径庭，所以千万不可以用当年的标准来衡量现在的孩子。就是说，不能以自己的标准来要求孩子。虽说回忆自己的经历有助于帮助父母理解孩子，但是如果过于执著于自己的经历，而且将之绝对化，使之成为批评孩子的理由，反而会误导孩子。每个人的经历都有所不同，并且在不同的时代也都有不同的特点。

这个阶段，困扰孩子的问题无非就是两个：第一，朋友的问题，其中70%～80%是和异性之间的问题，剩下的才是同性之间的问题；第二，家庭问题，其中绝大部分都源于父母之间的矛盾。

父母之间的矛盾导致孩子内心烦躁，但是父母却认为只要能够让孩子吃好、穿好，并及时交上辅导班的学费就万无一失了。但如果家庭不和睦，孩子就无法集中精神学习。

青春期的孩子，很容易因为欲望而引起内心的烦躁和不安。想上好的大学，但成绩却不尽如人意，时间在一天天地流逝，性格便会变得急躁。

父母要理解孩子的这种心理，内心越烦躁，越想尽早摆脱高考，所以孩子也容易沉浸在对考试结束后的自由的幻想当中。因此，如何安抚孩子急躁的心理便成了最重要的问题。

还有一点就是习惯的问题。高三要早起，高三不能出去玩，高三不可以看电视，等等。曾经的很多习惯，都要因为上了高三而受到限制。就像刚开始戒烟的人会有很多的烦恼和压力一样，孩子的心理负担也会因高三的到来而加重。

父母必须理解孩子的状态，如果做不到，很容易导致孩子自闭。但即使下定决心要试着理解孩子，父母还是忍不住站在自己的立场，责怪孩子不该谈恋爱，不该看电视。

孩子有自己的理由和看法，他们会不顾大人的阻止，悄悄地坚持做自己想做的事情。物以类聚，人以群分，在志趣相投的人中间，孩子对自己的观点更加坚持，于是对父母产生了更强烈的对抗心理。

这个时期的孩子情绪会变得不稳定，哪怕是一点小事也会让他流泪，变得非常有同情心。所以，孩子也许会变得很懂事；也可能成为地痞流氓；万一受到了突然的打击，还可能会产生自杀的冲动。此时孩子的心理就像落地的橄榄球，反弹的方向难以判断，父母对孩子也捉摸不透。

父母或许会因为早恋而责怪孩子，其实那只是孩子生理发育的正常反应和周围环境的影响。父母在责怪孩子之前要先试着理解孩子。

父母给孩子提供宽松的环境，他想玩就让他玩，想要结婚就让他结婚，采取开明的态度对待孩子，才能顺利地和孩子交流。

理解了孩子，自己内心舒畅的时候，说服孩子也会变得很容易。理解孩子是为了对孩子采取肯定的态度，而不是让孩子为所欲为。理解孩子，是不对孩子多加干涉，让孩子自力更生。

但事实上，很多父母为孩子做了太多，最后却只落得被子女埋怨的结果。夫妻之间也是同样的道理，如果妻子为丈夫所做的一切超越了作为妻子的界线，那么日后一定会心里不平衡，抱怨丈夫对自己什么都没做。

无论出于怎样的善心，如果对方不愿意接受，那么对对方便是一种束缚和折磨。只是，夫妻、父母与子女之间不会认为这样的束缚是罪恶。

对于高三学生的父母来说，最重要的便是理解。如果孩子得不到父母的理解，便会闷闷不乐，有心理负担，无法集中精力学习。

父母必须让孩子明白，学习是为了自己而学。如果父母过于强迫孩子学习，孩子会认为是为了父母而学。

和孩子的观念有了差异，需要和孩子好好沟通。如果能够说服孩子，那就给孩子提供一个宽松的环境；如果孩子仍然一意孤行，那就果断地让他自己处理所有的事情。

但父母往往对孩子放心不下，仍然做不必要的干涉。孩子反感父母的干涉，故意躲避父母，这时候，有的父母才知道回头，对孩子说："你自己随便吧，反正是你自己的人生。"

而事实上，往往坚持不了一天，父母又开始操心孩子。如此一来，孩子便对父母失去信任，父母的叮嘱在他看来只是废话连篇。如果父母能够果断地说到做到，就能在孩子面前树立威信，赢得孩子的信任。与子女关系如此不稳定的原因都在于自己未能正确把握自己的人生。

要理解孩子，必须祈祷。首先祈祷自己能够理解孩子；接下来还要对丈夫进行忏悔祈祷。不是直接向丈夫赔罪，而是对丈夫采取谦和的态度，营造和谐的家庭氛围。不能因为事业无成的丈夫或者即将高考的儿子破坏了家庭气氛。

就算丈夫半夜三更才回到家，妻子也应该和风细雨地跟他打招呼。如果孩子问起来，就告诉他爸爸有事在身，才这么晚回来。如果孩子问爸爸怎么喝酒了，就告诉他，等他长大工作以后就理解了。妻子站在丈夫的立场，为丈夫解围。就算孩子起初有点责怪爸爸，但很快便会原谅爸爸。

忏悔并不是一味地忍让，如果过于忍让，孩子也会看出来。忏悔不只是表面的态度，而是发自内心地认识到自己的不足之处，并表现在言语和神态之中。

有的丈夫挣钱越多，就越容易将孩子学习不好的责任推卸给妻子，责怪妻子说："你到底在做什么？连孩子的学习也督促不好！"就像孩子不是自己的一样。

所以，作为高考生的妈妈，会被周围很多双眼睛所注视，也会有压迫感。这时，祈祷是最好的方法，不仅自己能够心情舒畅，也有利于夫妻关系的和谐，对孩子更是莫大的帮助。

让自己内心清净，在孩子填写志愿之前不要有任何欲望，这样反而会有好结果。祈祷不仅有利于孩子，也有利于夫妻关系的和谐。保持夫妻和睦也是对？孩子的一种功德。

如果夫妻关系变得和谐，即使孩子落榜了，也

“只求邻居的孩子能考个好成绩。如果我的功德还够，那么也请帮帮我的孩子吧。”像这样祈祷，给自己内心更多的空间，成功的概率会很高。

会让人觉得在过去的一年里有所收获。

修行便是平静地接受眼前的一切，不管是风霜还是雨雪都要欣然接受。但是，很多人一旦如愿以偿便忘乎所以，否则便产生怀疑。祸福相依，时刻保持愉悦的心情才是最重要的。

在祈祷的时候不能有半点怀疑，这样才能抛开尘世的烦恼，一心一意地祈祷。否则自寻烦恼，便无法产生力量。

“让我的孩子考上大学吧！”如果这样祈祷，必然会有烦恼，怀疑自己这样祈祷是否可行。自己除了祈祷之外，不能为孩子做其他的事情，却还总是怀疑，这必然会让自己烦恼。

其实，只要像以前的老奶奶一样，虔诚地祈祷就可以。但是，接受现代教育的人们却往往无法接受这样的祈祷，所以才会如此痛苦。

祈祷时越痛苦，就越容易逼迫孩子：“我为你做了这么多，你在做什么？”对丈夫也容易产生不满：“孩子上高三了，我为了他每天祈祷，而你每天却醉醺醺地回到家里。”这样，祈祷反而成为了祸根。

孩子学习的时候，父母也需要学习。孩子学习时，妈妈祈祷。孩子累了的时候，看到妈妈仍然在为自己祈祷，就会获得力量，重新回到房间学习。

想让孩子好好学习，妈妈必须先学习，让自己内心平静，遇到问题时才能顺利和孩子展开对话。不管孩子有没有烦恼，不管发生什么事情，妈妈都要成为孩子的坚强后盾。

祈祷时，必须放空自己的内心，要做到无欲无求，否则只会增加自己的痛苦，无法获得力量。进行百日祈祷时，同样要放空自己。

像这样祈祷，给自己内心更多的空间，成功的概率会很高。

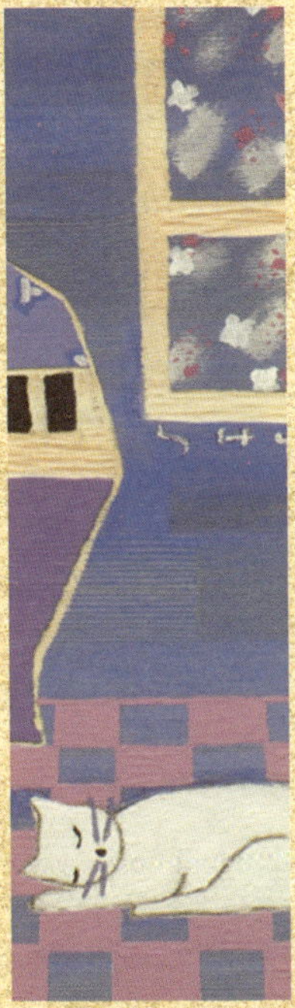

第四章

# 父母与孩子
# 共享幸福的静心大法

## 养育孩子必须坚持一定的准则

孩子上小学三年级，有一天他要妈妈给他买手枪，妈妈没有答应，但孩子还是缠着要买。妈妈就劝他说："妈妈是为了你好才不买的。"孩子不但不听，还躺在地上哇哇大叫，对妈妈的劝说充耳不闻。妈妈遇到这种情况一般都会顺着孩子："行了行了，别闹了，给你买。"

孩子一撒娇就顺着他，这不是一个称职的妈妈。如果起初决定不买是为了孩子好，那就应该坚持到最后。

面对孩子的胡闹，妈妈果断地把他一个人留在原地就行了在确认周围环境安全的情况下才可以这样做。正因为妈妈在身边才会撒娇胡闹，如果转身发现妈妈不在了，孩子会立刻爬起来。孩子不吃饭，也没必要抱着饭碗追着他跑，只要把饭菜收拾

教育孩子，不仅仅是在某些是与非的问题上责骂孩子，
而是应该对是非有明确的标准和界线，并且父母必须以身作则。

走，告诉他：“你不吃，就给挨饿的孩子吃吧。”等他饿哭了，认错了再给他饭吃。只有这样，才能让孩子养成好习惯。

教育孩子，不仅仅是在某些是与非的问题上责骂孩子，而是应该对是非有明确的标准和界线，并且父母必须以身作则。错就是错，某些问题如果在允许的范围之内，可以通过和孩子沟通达成一致。

如果孩子的要求被一口否决，经过一番撒娇后又得到了允许，父母就会变得没有威信。

经常打孩子也不是正确的教育方法，经常挨打的孩子会想，“不就挨顿打嘛，没什么大不了的”，挨打对于孩子来说已经成为了一种习惯。

妈妈若因为生气了打孩子，会对孩子造成伤害。如果孩子犯了特别大的错，必须挨打时，在打孩子之前也要告诉孩子：“妈妈打你，我自己也心疼啊！但如果你继续像现在这样发展下去，将来就不会成长为一个优秀的人。”即使打得再狠，也还是充满了爱意。不是因为自己在气头上而打孩子，而是出于对孩子的爱，含泪而打。

平时对孩子过于放纵，有时候孩子只是因为无知而犯错，但父母会自责没有教育好孩子而恼羞成怒，最后打骂孩子。在孩子看来只是一点小错误，但是却受到了双倍的惩罚，孩子当然会觉得冤枉。孩子不会认错，反而只会觉得委屈，对父母产生对抗意识，父母教育也会毫无效果。但纵容孩子的错误，也会导致孩子养成不好的习惯。很多父母因为嫌管教孩子过于麻烦而放任自流，导致孩子养成了恶习。

责骂孩子要有一定的度，如果控制不住自己的脾气随意打骂孩子，那就变成了暴力。

挨打的时候，孩子会感觉到并能区分是愤怒还是爱。如果是因为愤怒，孩子也会不服，并找到发泄的窗口。哥哥被妈妈打了之后，会打弟弟，弟弟挨了打就踹小狗，形成一系列连锁反应。

养育孩子必须坚持一定的准则。要坚持这个准则，达到教育的效果，必须给予孩子温暖，保持冷静，同时要有一定的忍耐力，能够控制自己的情绪。

“妈妈打你，我自己也心疼啊。

但如果你继续像现在这样下去，将来就不会成长为一个优秀的人。”

# 培养孩子的自尊心

"丈夫有了外遇，我曾经有一段时间很痛苦，对丈夫充满了不满与埋怨。开始心想'看你有什么好结果'，后来觉得是自己没福气，也怨不得谁，一切顺其自然吧！但是我发现自己根本无法放下心中的包袱。渐渐地，孩子也开始讨厌爸爸，随着年龄的增长开始迷惘。我知道孩子是无辜的，对他感到很抱歉。孩子一旦出现问题，我心里不光会怨恨丈夫，连孩子也会一同怪罪，自己也会很不舒服。"

曾经有位母亲这样向我倾诉。

这属于感情转移的现象，丈夫让自己变得不幸，本来是对丈夫的憎恶，但矛头却指向了自己的孩子。

这时，妈妈应该首先认识到孩子出现问题的原因不在丈夫而在自己。丈夫的外遇行为虽不光彩，但也只是生活中的一个事件而已。佛教将这称之为第一箭。而自己面对这件事情时的愚蠢态度，才导致了孩子出现问题，成为孩子无法找到重心、一直徘徊的原因。自己中了第二箭，孩子又中了第三箭。

那么会有人提出质疑：

“如果丈夫没有出轨，我又怎么会讨厌他呢？”

这确实是事实。但是比这更重要的是，孩子在妈妈的怀抱中长大，只有妈妈才是孩子学习的榜样。如果孩子现在有不良行为，是因为妈妈怀孕时和孩子年幼时夫妻关系不和谐，妈妈的不快心理转移给了孩子。

矛盾加深后妻子产生了对丈夫的厌恶，从而导致孩子自信心不足，并埋下了憎恶他人的种子。在夫妻关系不和谐的家庭环境中成长的孩子，进入青春期或者上大学后，知道爸爸出轨的消息，心中那颗种子便会被激发，从而对爸爸的厌恶也会进一步加深。

虽然，社会可能会普遍将问题的原因归根于丈夫的出轨行为，但是这对于纠正孩子的心理问题却毫无用处。

那应该怎么办呢？方法只有一个，必须首先消除心中对丈夫的不信任和憎恨。

但也有可能几天后，不快的情绪反而更加高涨。

“明明是丈夫的错，为什么是我在忏悔呢？现在应该是他跪着向我认错求饶，我为什么要对他忏悔呢？”

因为这种心理，往往会停止祈祷，并且心中会有这样的疑问：“因为您也是男人，所以只会偏向丈夫”。

其实，我只是为了给提出问题的人找到解决方法，而不是偏向某个人。

孩子成年后，父母对孩子的影响微乎其微。不管是善行还是恶行，都很难再影响孩子。因为成年的孩子已经具备了独立的判断能力。但在孩子结婚之前，妈妈的影响仅次于他自己的判断。

假如丈夫和孩子吵架了，怎么办呢？其实，这时候父子吵架是很正常的事情。因为妈妈已经把对丈夫的厌恶深深地埋在了孩子的心中。孩子只是代替妈妈和丈夫吵架，替妈妈受苦。

丈夫本身只是一个普通人，不崇高也不卑鄙。妻子视之崇高便崇高，视之卑鄙则卑鄙。如果觉得丈夫是卑鄙之人，那么自己也会变得一文不值，孩子也会变得低贱卑微。

所以，如果父母的行为不像话，那么要纠正孩子的缺点，妈妈必须忏悔："老公，我相信你是一个崇高的人，我们应该一起以身作则，给孩子树立积极正面的榜样形象，让孩子的身心得以健康成长。"这是帮助孩子的最好方法。

丈夫本身只是一个普通人，不崇高也不卑鄙。
妻子视之崇高便崇高，视之卑鄙则卑鄙。如果觉得丈夫是卑鄙之人，
那么自己也会变得一文不值，孩子也会变得低贱卑微。

## 先治愈自己内心的伤疤

压力会给人带来恶劣的后果。导致压力的原因有很多，厌恶的情绪居于首位，其次是悲伤，包括焦虑、不安、痛苦都是导致压力的原因。

压力对人的身心健康会产生不良影响，并且还会影响生活中的其他人。父母经常发火的习惯会遗传给子女，子女再传给孙子孙女，性格特征代代相传。

如果不阻止这种遗传，孩子会因为幼时的心理创伤痛苦一辈子。幼小心灵的伤疤会成为很多人一辈子的心理负担。即使年过半百也还会抱怨小时候因为母爱的缺失给自己造成的伤害。

“三四岁的时候，妈妈对爸爸不满时，老是拿我当出气筒。长大后，我一顶撞，她就说我不懂事、不孝顺。妈妈一直把我当出气筒，从来没有给过我温暖的母爱。尽管我曾经努力尝试忘记这一切，但至今仍然对妈妈怀恨在心。”

后来我听说，这位倾诉者的母亲属于被骗婚的情况。起初以为丈夫是第一次结婚，但嫁过来后才发现丈夫已经有了一个女儿。于是对丈夫产生了不满，并常常把气撒到儿子身上。

妈妈若经常把子女作为倾诉对象，表达对丈夫的不满，孩子会对爸爸心生厌恶，并因此而感到不安。表面上和爸爸打声招呼，随后便“哐”地关上门，回到自己的房间。别说是身体上的接触，连面对面都不愿意。

如果孩子从小就被灌输“你爸爸不对”、“你爸爸是个混蛋”的观念，长大后，如果父母吵架，孩子一定会偏向妈妈，讨厌爸爸。

但是，孩子往往不知道父母的爱有多深。有时候，对父母的爱期待过高，会觉得父母给的爱不够。其实，即使父母什么都不做，只要还在孩子身边，就应该感谢他们。

因此，与其说这是父母的问题，还不如说是自己的问题。

但是，如何治愈父母给自己造成的伤害呢？父母对过去的事情会渐渐淡忘，他们会想："我有什么错？把你养大成人已经很不容易了。"所以不要指望父母向自己道歉。

解决这个问题的根本在于理解曾经的伤害，并且忘记它。小时候曾经无法理解父母，当自己为人父母后，会了解吵架或分手对于每一对夫妇来说都是稀松平常的事情。

父母吵架并不是故意要折磨孩子，而是沉重的生活压力，让自己的情绪变得难以自控。

尽管现在已经为人父母，但却还不够成熟，夫妻还是会吵架，有时候甚至想到离婚。

"小时候觉得妈妈就是神，但现在看来，那个时候妈妈也只是个三十二岁，什么都不懂的女子。繁重的生活压力，使她情绪不稳定，再加上有两三个孩子，更是让她心烦。尽管如此，妈妈却比现在的我更努力、更勤劳。"

我们应该像这样试着理解自己的妈妈。

抱怨会让自己瞧不起父母，也会受"上梁不正下梁歪"的思想影响，贬低自己，逐渐地失去自

只有自己健康，才会更加爱丈夫和孩子。
一颗受伤的心，无法产生爱惜他人的能力。

尊心。

所以，不管怎样，哪怕被丢弃在孤儿院，也要对父母心存感激，感谢他们让自己降临到这个世界上，感谢他们的养育之恩。这样，自信心也在无意之中被建立起来。

此外，还要真心地忏悔："当初我不理解您，以自我为中心而讨厌您，真的很抱歉。"治愈了伤疤，让自己变得健康快乐。只有自己健康，才会更加爱丈夫和孩子。一颗受伤的心，无法产生爱惜他人的能力，不仅会自寻烦恼，还会抱怨丈夫和孩子不体贴，整天生活在怨天尤人的世界里。

如果我们能够时刻抱着一颗感恩的心，理解他人，那么就能治愈心中的伤疤。治愈后，自己会渐渐变得温柔体贴，成为一个慈祥的好妈妈。

若父母无法治愈自己的伤疤，把伤痛传染给孩子，孩子便不能健康成长。自己的孩子抚养不好，日后会给社会造成恶劣的影响。所以，父母们必须明白，妈妈没有必要特地做好事、积德行善，只要能教育好自己的孩子，就是对社会和世界的和平一大贡献。

# 让内心真正地谦卑一次

很多人为了子女和家庭，非常虔诚地拜佛，不用说三千拜，一万拜都有人拜。有人甚至引以为豪，觉得拜得越多越好。但是，真正的跪拜祈祷不在乎数量多少。

“儿子从初中开始已经逃学好多次，在学校经常惹祸。曾经因为一次涉及到金钱事故而转学，但他却屡教不改，并且最后总需要做出经济赔偿才能解决问题。上了高中，仍然喜欢惹是生非，家里也因为帮他赔偿欠了债。丈夫在家时，儿子总是避开他。孩子离家出走已经三个星期了。两年前，我就一直来庙里祈祷，每天都诵读《地藏经》和《金刚经》。我也做过百日祈祷，一次六百拜，每天拜四次。有人曾经告诉我每天行三千拜，但我没有每天都做，四个月里一共做了两次。尽管这样，有时还会闷闷不乐，看到儿子就觉得不舒服。”

这位母亲为了儿子，做了很多祈祷，是一位值得尊敬的好母亲。但是她忘记了最重要的一点，没有认真地忏悔。让自己的内心真正谦卑一次，比三千拜更重要。跪拜和诵经的数量都不是最重要的。

忏悔就是认识自己的错误，若能够真正认识到自己的错误，那就一定会放低姿态，变得谦卑。

如果留意自身的肢体语言，就会发现，原本躺着聊天的两个人，若发生分歧，双方便会迅速坐起来。如果矛盾更加突出，双方会站起来争辩。如果仍然不能达成一致，便会互相争得面红耳赤，不分上下。

对自己观念的肯定，被称作“我见”。“我见”越是强烈，身体越容易发生各种变化。从坐到站，再到昂首挺胸、怒目圆瞪。

如果吵着吵着发现是自己错了，原本那双充满怒火的眼睛会自然低垂下去，如果能够更加深刻地认识到自己的错误就会低下头，接着便会下跪叩首。叩首的心理作用实际上是摧毁自己的傲

让自己的内心真正谦卑一次，比三千拜更重要。跪拜和诵经的数量都不是最重要的。

慢心。

叩拜是悔过的表现形式。没有悔过之心的叩拜顶多只能算做腰部运动，和忏悔没有任何关系。所以，若有一颗忏悔的心，就会自然双膝下跪，叩首而拜。所谓的五体投地，便是这样，身体的五个部位都接触大地。

知道忏悔的好处后，有人便会像机器一样一边叩拜，一边说道：“你都拜三百次了？我才拜两百次不到。”如果以这样的方式行三千拜，那就不是忏悔了，而只是高强度训练，和忏悔一点儿不沾边。在寺庙行三千拜、一万拜后便引以为豪的人大多只是在对自己进行高强度训练。

当然，高强度的训练也不是一无是处，有助于锻炼人的耐力。叩拜结合了腿部、腰部和颈部运动，有利于身体健康。所以，近来很多其他的宗教也都行叩拜仪式。尽管叩拜有利于健康，但是叩拜不一定就是忏悔。真正的忏悔只要真心实意地拜一次就够了，重要的不是行了六百拜还是三千拜。

叩拜的时候，能将自己的内心放空才是一种修行。这时候若只想着“我在为你祈祷”，回家后看到儿子不学习的样子便会更加愤怒。相反，如果自己玩到尽兴才回家，心里感到惭愧反而不会发火。所以，叩拜的次数只是形式，真心实意地叩拜才是最重要的。

妈妈必须让孩子亲眼目睹印度的贫困生活，孩子才会意识到自己无法接受那样的生存条件。有了这样的觉醒孩子才可能被治愈。

父母一而再、再而三的叮嘱，只会让孩子产生更加强烈的抵触心理，让往东偏往西，故意和父母唱反调。

这种情况下，只有祈祷是能立刻做到的。祈祷后，妈妈带着孩子一起去吃苦。必须经历战争时期背着包裹逃难时的那种苦难，孩子才会有所改变。

父母为了向孩子赎罪，必须作好忍受一切痛苦的准备。如果因为怕苦而失去勇气，那么就无法让孩子改变。当然，印度不是必选之地，建议去印度是因为那里的生存环境恶劣，也允许外国人去旅行。语言不通，就使用肢体语言，妈妈和孩子一起经历磨难，态度才会有所变化。

# 为活着感到庆幸

生活像奔走在悬崖峭壁，有时只要往前一步就会掉下万丈深渊，但人们却只顾着你追我赶，不懂得悬崖勒马，等出了事才悔不当初。

出访美国时，曾经遇到一位母亲。她的儿子才貌双全，各方面都非常出色，是父母的骄傲。但是有一天，儿子出了车祸，突然离开了人世。

父母受到了沉重的打击，每天都魂不守舍。能做的都做了，最终却还是无法摆脱痛苦，夫妇俩都眼窝深陷，面色苍白。

这样的事情发生在孩子身上对父母的打击是难以想象的。尽管现在过着优越的生活，但天有不测风云，人有旦夕祸福，没有人能够预测下一秒会发生什么。

妈妈对孩子的学习督促得越紧，孩子就越容易变得萎靡不振，如果无法达到妈妈所期待的要求，严重的甚至有可能自杀。我们的周围，因为这种事情而哭哭啼啼的妈妈不是一两个。

人们总是不懂得珍惜拥有的东西。父母健在的时候，不知道珍惜，也不懂得感恩，总要在父母去世后才大彻大悟。

对自己的另一半也是这样，在身边的时候不知道珍惜，总是因为一些鸡毛蒜皮的小事抱怨。

对自己的孩子同样如此，孩子身体健康就希望他学习好，学习还不错的时候仍然希望他更加出色，总之对孩子的表现永远不满足。

但是，当孩子离家出走或离开人世时，才知道当初自己的想法是多么的愚蠢。所以，人总是生活在悔恨之中。在身边的时候不珍惜，失去了又会后悔。

空气是人们赖以生存的物质，但每天呼吸着空气的人们却不知道空气的价值。当空气稀薄，无法呼吸的时候，才会懂得空气是千金难买的无价之宝。就像我们每天喝的水，等水资源匮乏时，人们自然就知道水是多么宝贵。

有的地方因为地震引发海啸，导致饮用水、生活用水短缺，很多人都因此受苦。人类也只有经历了这样的痛苦后，才会珍惜水资源。人类几乎无偿使用着珍贵的水和空气，但仍不知道感恩。很多人却为买不到几百万甚至几千万韩元的名牌手包而伤心难过，这就是现代人的生活，现实就是这样。

请回想一下现在自己正在享受的一切，就连早晨能吃上早饭也是值得感谢的事情。

“在有的地方，仍然会有人饿死，而我还能吃上早饭，是多么庆幸啊”、“有人每天靠两顿饭活下来，而我却能够每天饱食三餐，真的很幸运了”、“地震灾区的人们，连遮风挡雨的房子都没有，而我却很幸运，能在这滴雨不漏的房子里舒服地睡觉”，我们要善于发现生活的美好。正是因为我们从不主动寻找生活中幸福美好的瞬间，一味好高骛远，生活才会痛苦。

生活中总有不如意，有时候对儿子和丈夫会有所不满。当我们不满于现状，觉得事事不顺心的时候，就请看看自己的生活条件，看看是否已经远远超过了生活的基本需求。

睡着后，和死去没什么区别，如果早上没能睁眼那就真的离开了人世。早晨睁眼后，应该像矿难中被救出的被困矿工一样感到高兴，互相拥抱，为彼此还活着欢呼雀跃。这样，生活的痛苦便会烟消云散。

早上睁开眼，不要因为不想起床而纠结，应该为自己仍然活着而开心。每天都要记住活着的快乐，并珍惜自己拥有的一切。

起床后，做感恩祈祷“我很幸福”、“谢谢上天”，把这当作晨练。

连续一百天这样做感恩祈祷，人便会有活力。就像给快枯萎的植物浇水，叶子会慢慢变绿，变得生机盎然一样。人的心态变好了，便会容光焕发。

精神的力量在生活中的作用举足轻重，其他的一切都只能起到附加作用。

操心过多，精神容易衰弱，容易造成很多的不满，让人变得闷闷不乐。想要让自己精神振作，就必须为自己的存在而感恩，并怀着感恩的心情祈祷。精神振作起来了，才能勇敢地面对人生。

早晨睁眼后，应该像矿难中被救出的被困矿工一样感到高兴，
互相拥抱，为彼此还活着欢呼雀跃。
这样，生活的痛苦便会烟消云散。

## 结语　妈妈幸福了，孩子才会幸福

回头看看自己走过的路，反思一下那是不是我们自己想要的人生。

大部分人，从小在父母的束缚下长大，结婚生子后生活又受到丈夫和孩子的牵绊。原本是为了经营好家庭，但是人到中年，孩子因为青春期变得叛逆，丈夫也整天忙于工作与自己很少交流。仔细回想才发现自己一无所获，不知道活着的价值是什么。尤其在深夜失眠时，想到我行我素的孩子，会觉得自己对子女的爱都付诸东流，产生更强烈的背叛感。随着自己心中的悔恨和对孩子的埋怨越来越深，忧郁症离自己就会越来越近。

难道妈妈因为孩子而感到痛苦是理所当然的事情吗？因子女问题而来的母亲总是说自己是别无选

择，这样看来问题的答案似乎是肯定的。妈妈们似乎觉得痛苦是一种骄傲，为自己的痛苦找出各种各样的理由。如果是这样，那么妈妈的痛苦必然是无法避免的。

## 妈妈变化，孩子也会变化

孩子有自己的人生，但父母却总是把自己的人生观强加给孩子。父母以这种错误的方式爱着孩子，才会因为孩子辜负自己的希望变得痛苦。孩子长大后，离开父母独立地生活本是理所当然的事情，但妈妈却仍然执念于那个曾经在自己怀中撒娇的孩子，这样只会自讨苦吃。

不管孩子和自己多么亲近，也要习惯子女不在身边的生活。妈妈若能做到心灵的独立，妈妈和孩子便都能获得幸福。如果有太多的理由是“因为孩子”，那说明妈妈自己也还没有学会独立。

好逸恶劳当然是不好的习惯，但是也有人会因为无所事事而坐立不安。无事可做时那就舒舒服服地休养生息；如果忙到焦头烂额，也要保持心情舒畅。因为事务繁忙而筋疲力尽，或者因为无所事事而坐立不安，都是一种病。

当子女进入初高中后，妈妈也应该有自己的生活。可以自己学习佛法或静坐冥想，那就不会轻易地对孩子发脾气。正因为将所有的精力都倾注在孩子身上，才会干涉孩子的各种琐事。在家中，每天面对着孩子，便会看到他身上的各种问题，走出家门后反而会关注到自身的价值。参加志愿活动，与他人分享自己拥有的东西，不仅自身价值得以实现，而且会成为孩子的楷模。

但是，参加志愿活动的同时如果不学习，很快便会厌倦。所以，必须经常学习，给自己的心灵灌输营养，这样才能逐步地自我觉悟。一年内，除了要进行志愿活动外还要和朋友交流，吐露自己的内心，三四年后，便能找回自己的生活。

从今天开始，试着精心打扮自己，保持自己优雅的姿态。如果不爱惜自己，就无法得到别人的爱；如果不爱惜自己，更不可能会爱别人。接受爱、付出爱的前提就是爱自己。

爱自己，就不要让自己痛苦。无论如何都要快

从今天开始，试着精心打扮自己，保持自己优雅的姿态。

如果不爱惜自己，就无法得到别人的爱；如果不爱惜自己，更不可能会爱别人。

接受爱、付出爱的前提就是爱自己。

乐地生活，不管孩子多么不听话都要保证自己内心的自由，这也是一种超脱。

对自己进行反省，改正自身的不良习惯，对孩子会起到很好的模范作用。因为自己的模范作用，甚至不需要太多的说教，孩子自然会变得很乖。

## 一把芥菜籽的幸福

从前，一位出身寒微的女子，嫁给了富人，帮富人家传宗接代。生下儿子后，享受着荣华富贵，但好景不长，儿子七岁时突然夭折了。

儿子夭折，母亲自然很痛苦，没了儿子，就意味着自己要重新回到贫苦的生活。所以，她迫切地要救活儿子。她每天就像疯了一样，抱着儿子的尸体，到处求人救活自己的儿子。有一天，女子悲伤至极时忽然有人指点迷津："你去拜求祇园精舍的释迦牟尼吧。"

于是，女子便带着儿子的尸体，跪在了释迦牟尼面前，求释迦牟尼救救自己的儿子。

释迦牟尼看着这位号啕不止的母亲说："这位

曾经以为只有儿子活了自己才能幸福的她，
现在知道没有儿子一样会幸福的道理。
当我们明白了人生的道理，有很多痛苦将不再成为痛苦。

施主，请放下您的儿子。请问施主可否向村里未曾死过人的家里要一把芥菜籽？”

女子一听，便以为只要有了这把芥菜籽，儿子就能起死回生。所以，她赶紧擦掉眼泪跑了出去。

她走到一户人家门口问：“有芥菜籽吗？”

“有啊。”

“能给我一把吗？对了，你们家死过人吗？”

“不好意思，前不久，我爷爷刚刚去世。”

于是，女子便去了另一家，但是这家不久前奶奶刚刚去世。另一家是五年前父亲去世了。

女子挨家挨户地问过去，但是没有哪户人家没有死过人。

太阳快要下山了，女子已经筋疲力尽，她走到最后一户人家门口问：“请问你家死过人吗？”

“我说，哪户人家没有死过人啊？”

这时，女子突然醒悟。每家每户都死过人，不管是昨天、今天还是明天，每天都有人死去，活着的人总是要死去的。

面对儿子的离开，她以为只有自己承受过死亡的痛苦。其实，死亡是一件极其平常的事情，是人生的一部分。

这位女子终于放下了心中的执著，看到了整个世界，轻松地来到释迦牟尼身边。释迦牟尼问她："施主找到芥菜籽了吗？"

"佛祖，现在我已经不需要芥菜籽了。"

即使没有救活儿子，女子仍然会得到幸福。曾经以为只有儿子活了自己才能幸福的她，现在知道没有儿子一样会幸福的道理。

当我们明白了人生的道理，有很多痛苦将不再成为痛苦。

幸福就像春天里温暖的阳光，照进我们的心里。但如果我们闭着眼睛，看不到光明，就只能感受到一个冰冷的世界。

当我们睁开双眼，就能看到一个明亮的世界。所以，请睁开我们的双眼，看到生活的希望。

妈妈幸福了，孩子才能幸福！